# 中国
# 赛道

投资大师罗杰斯
谈中国未来趋势

[美] 吉姆·罗杰斯 口述  孟语彤 翻译整理

CHINA
RACETRACK

浙江文艺出版社
Zhejiang Literature & Art Publishing House

*China Racetrack* by Jim Rogers

Copyright © Jim Rogers 2021

**图书在版编目(CIP)数据**

中国赛道:投资大师罗杰斯谈中国未来趋势/(美)吉姆·罗杰斯口述;孟语彤翻译整理.—杭州:浙江文艺出版社,2021.8

ISBN 978-7-5339-6506-8

Ⅰ.①中… Ⅱ.①吉… ②孟… Ⅲ.①中国经济—经济发展趋势—研究 Ⅳ.①F123.2

中国版本图书馆CIP数据核字(2021)第110749号

版权登记号:图字11-2021-130号

## 中国赛道:投资大师罗杰斯谈中国未来趋势

[美]吉姆·罗杰斯 口述　孟语彤 翻译整理

| 出版发行 | 浙江文艺出版社 |
|---|---|
| 地　　址 | 杭州市体育场路347号 |
| 邮　　编 | 310006 |
| 电　　话 | 0571-85176953(总编办) |
|  | 0571-85152727(市场部) |
| 制　　版 | 杭州天一图文制作有限公司 |
| 印　　刷 | 浙江海虹彩色印务有限公司 |
| 开　　本 | 710毫米×1000毫米　1/16 |
| 字　　数 | 204千字 |
| 印　　张 | 16.5 |
| 插　　页 | 5 |
| 版　　次 | 2021年8月第1版 |
| 印　　次 | 2021年8月第1次印刷 |
| 书　　号 | ISBN 978-7-5339-6506-8 |
| 定　　价 | 68.00元 |

版权所有　侵权必究

(如有印装质量问题,影响阅读,请与市场部联系调换)

罗杰斯扬名华尔街时的招牌笑容

刚从耶鲁毕业的罗杰斯

1965年7月,罗杰斯与队友参加"亨利皇家赛艇会",并以6分28秒的成绩被载入吉尼斯纪录

1990年环球旅行中,穿越撒哈拉

1990年,环球旅行中的罗杰斯与女友塔碧莎在即将到达北京的指示牌前合影

罗杰斯展示家中旅行收藏品，这是1999年环球旅行穿越中国时使用的临时汽车车牌

大女儿快乐·罗杰斯17岁生日，罗杰斯先生与太太佩姬·帕克、小女儿小蜜蜂·罗杰斯全家福

2020年8月，罗杰斯家中留影

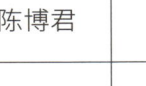

陈博君

段　勇　｜　孟语彤

本书策划人、译者与罗杰斯在一起

# 序 言
PREFACE

1984年，当我第一次来中国时，我感到非常"恐惧"，因为那时的美国媒体总是宣传中国人多么邪恶，中国多么危险。但是，当我真正在中国旅行时，我意识到，中国悠久的历史和灿烂的文明，正是由这片土地孕育的。在中国，我看到人们努力工作，雄心勃勃；生活节俭，质朴善良。他们受过良好教育，他们的生活遵循着东方文化所特有的秩序。

中国是世界历史上唯一一个反复出现高光时期的国家。罗马曾经辉煌，埃及曾经辉煌，英国曾经辉煌，但属于它们的时代一去不复返。的确，中国曾多次经历几近崩溃的时期，但中国也是唯一一个能够在几次跌落低谷之后，再次攀至高峰的国家。

当我听说邓小平提出重新开放中国时，我意识到中国将再次崛起。这对我来说再清楚不过了，因为我真实地看到，每个中国人都非常努力地工作，用心地教育他们的孩子，为家庭的未来储蓄和投资。是的，中国将再次崛起，并变得更加强大。

当我结束全球旅行，回到美国，告诉他们中国将是下一个伟大的国家时，没有人相信我。西方不相信中国，直到现在，许多人其实已经通过网络等渠道知道发生了什么，但他们仍然不了解中国。

当然，中国的崛起一定会伴有挫折，这是正常的。美国在崛起过程中同样遇到了许多问题：经济萧条、可怕的内战、法治混乱、家庭破产等等。然而，美国仍然成了20世纪最成功的国家。

这就像每个人、每个家庭、每个公司一样，成长总是伴随着伤痛。同样，中国在走向辉煌的过程中也会遇到各种各样的问题，但我认为没有哪个国家会像21世纪的中国那样崛起。简单来说，我认为有几个原因：首先，中国人从古至今非常重视教育，远超西方国家，这使得中国产生了很多有能力的人，中国的优秀工程师比任何国家都多，而人才是任何一个产业发展的基础。其次，中国的储蓄率也远高于西方，经济需要高储蓄率和高投资率才能繁荣发展，资本是经济发展的活力要素。曾经的日本、欧洲、美国都因高储蓄率和高投资率而迅猛发展，但现在情况已不再如此。

我的孩子因为中国而学习普通话，我坚信中文将成为21世纪最重要的语言。几十年前，我便开始在中国投资，我还会继续投资。并且，我会一直寻找更多在中国的投资机会。"危机"是一个我认为很奇妙的中文词语，意味着灾难与机遇并存。这个词在英语中并不存在。2020年的疫情就是一次"危机"，中国在控制新冠肺炎疫情方面与其他国家相比，做得更加出色。因此，当中国出现问题时，我希望大家都记得"危机"这个词。

纵观整个世界的历史，当事情出错时，人们总是很容易将问题归咎于别人，因为他们的肤色、语言、衣物、习俗、宗教和其他方面都有所不同。2020年是美国的大选之年，由于中国做得太过优秀，太引人注目，因此美国政客们不得不把针对中国的戏码再表演一遍。纵观历史，与外界为敌从来都不是一件好事，我们要做的应该是对外开放和共同繁荣。但我们学习历史时发现，不幸的是，大多数人没有从历史中吸取教训。

我希望中国继续开放下去，这将为中国自身，也将为世界带来更大的繁荣。同时，我也将继续尽可能多地了解中国，正像我们在这个时代应该去做的那样。

最后感谢我的中国合作伙伴们，在和我的朋友陈博君先生的交流中，我们决定了要做这样一本有内容同时也很有意义的书。当然，本书能够面世，需要感谢团队的支持。感谢孟语彤女士对内容的梳理和翻译，让中国的读者可以更顺畅地阅读；感谢段勇先生，他在出版方面的专业素养，让我对这本书充满信心；还有团队中的钱舍涵先生，对本书也提出了一些建设性的意见。能和他们一起完成这本书，我感到非常开心。

祝所有中国的朋友前程似锦，希望2021年一切都好！

吉姆·罗杰斯

# 目 录
CONTENTS

## 1 我的投资之道 001

▶▶作为全球金融三巨头之一，曾经与索罗斯共同创立大名鼎鼎的量子基金，后来又环游世界，穿越中国，罗杰斯的传奇人生，到底是怎样炼成的？是什么样的投资之道，使他能够笑傲华尔街？

- 一个小镇男孩的探索历程 /003
- 从耶鲁到牛津 /006
- 转战华尔街 /009
- 环球投资 /013

## 2 找到你自己 017

▶▶从亚拉巴马到耶鲁、牛津，从华尔街到全球，人们通常会说这是一个幸运儿的故事。罗杰斯有什么成功的秘诀吗？他的投资观念有哪些和大众投资者不一样的地方？在职业生涯中，他是否也有过惨痛的教训？他又从中学到了什么？

- 什么样的人才能成功 /019
- 适合的，才是最好的 /023
- 投资案例：成功与失败 /028

## 3 我的全球投资重心  043

▶▶ "19世纪是属于英国的,20世纪是属于美国的,21世纪则是属于中国的",这是罗杰斯曾多次公开表达的观点。作为一位把握大势的投资者,他如此看好中国的依据是什么?除了中国,他还看多哪些国家?

- 俄罗斯股市 /046
- 投资韩国 /049
- 高增长还看中国 /052
- 看准中国机会 /056

## 4 A股能迎来超级牛市吗  067

▶▶ 都说股市是经济的"晴雨表",真的是这样吗?美国股市已经走出了超过十年的大牛市,其背后的逻辑是什么?美股还能持续上涨吗?中国股市目前处在什么样的状态?投资价值如何?

- 股市真的是经济"晴雨表"吗 /069
- 美股超长牛市背后的逻辑 /070
- 美股还能投资吗 /074
- 美股跌落征象 /077
- 中国牛市征象 /081

## 5 大众的理财工具　093

▶▶随着中国的快速发展，人民生活水平的提高，越来越多的人进入投资理财的圈子。罗杰斯作为从事投资工作五十年以上的国际投资家，对于大众理财有哪些建议？大众的投资理财途径都有哪些，该如何选择？

- 如何选择理财产品　/095
- 负利率时代　/099
- ETF基金　/101
- 买黄金是最好的投资吗　/105

## 6 中国农业的巨大前景　113

▶▶中国从古至今都是农业大国，在知识、经济、科技大发展的背景下，农业也在发生颠覆性的变革。罗杰斯也一直在深度关注中国的农业发展。在他看来，中国农业会有什么样的发展趋势？在农业诸多细分领域中，哪些是最值得投资的？

- 寻找农业的投资机会　/115
- 第一产业现状　/118
- 养殖业的确定与不确定　/121
- 中国种植业当前形势　/124
- 行业关注点　/127
- 乡村振兴与数字未来　/130

## 7 制造业：从3.0到4.0　133

▶▶工业4.0项目掀起全球制造业升级的浪潮，各国的重点方向是什么？"中国制造2025计划"的重点在哪里？罗杰斯如何看待中医药制造？哪些行业萌发了"智造"的"绿芽"？

- 制造业的发展逻辑　/135
- 中国高铁领跑世界　/138
- 中国医药产业的特色　/141
- 共享通信5G时代的红利　/146
- 世界各国的工业4.0计划　/153
- 看清"中国智造"的轨迹　/155

## 8 超乎想象的文化创意产业　161

▶▶文化创意产业是国家经济完成工业化后向高附加值产业迁移而产生的，它为人们的生活创造更多价值，带来更多快乐。喧嚣的娱乐行业里谁是"大佬"？大热的在线视频、网络直播是否值得投资？罗杰斯怎样看待市场环境下中国教育产业的发展？

- 文化的魅力　/163
- 从文化到文创产业　/164
- 文旅产业的巨大商业价值　/168
- 高风险、高收益的影视娱乐　/173
- 互联网的娱乐世界　/176
- 教育行业的投资　/178

## 9 "互联网＋＋"的超级赛道　181

▶▶ "互联网＋零售"诞生了电商产业，电商产业的持续高速发展又从消费零售市场端拉动产业数字化，"互联网＋＋"呼之欲出。罗杰斯看好这里面的哪个领域？阿里巴巴和亚马逊的股票值得买吗？

- 数字化时代的互联网业态　/183
- 阿里巴巴VS亚马逊　/190
- 数字化时代的延伸产业链　/196
- "互联网＋网购"的最佳切入路径　/197

## 10 新开发·新高度·新增长　203

▶▶ 罗杰斯20世纪八九十年代多次前来中国，他是中国改革开放后经济发展和城市变革的见证者。其中有怎样有趣的体验？中国东部、西部、东北、中部四大区域如何实现新增长？粤港澳大湾区与其他三大湾区相比有何优势？

- 区域差异难题的破解　/205
- 区域经济发展战略下的板块亮点　/209
- 把握区域发展新高度　/213
- 湾区经济新赛道——粤港澳大湾区　/216
- 未来区域经济增长点　/220

## 11 拥抱人类命运共同体 227

▶▶国际社会是你中有我、我中有你的命运共同体,全球新冠肺炎疫情验证了这一点。中国在人类命运共同体的构建上做了许多努力,哪些地方蕴藏着投资机会?疫情过后的世界经济格局将怎样变化,如何调整自己的投资结构?

- "一带一路"赛道上的机会 /229
- 人民币国际化的利好 /234
- 中美贸易争端的"危机" /238
- 全球经济降"瘟" /241
- 我的准备 /246

**译者后记** /249
**策划人后记** /252

# 1
## 我的投资之道
MY WAY OF INVESTMENT

吉姆·罗杰斯的名头在如今的国际金融市场上,依然人气满满。他时常会就经济领域的热点问题,接受全球知名媒体的采访。20世纪70年代,因与索罗斯一起创建的量子基金战绩卓著,罗杰斯在华尔街成为叱咤风云的人物;在这之后,喜欢探险的他,通过驾驶摩托车、汽车多次环游世界,穿越中国,因最长超过16万公里的环球旅程,被载入吉尼斯世界纪录。除了体验风土人文之外,罗杰斯更关注当时全球各国的经济发展状况,并将环球探险与投资心得整理成书,出版了多部财经佳作。其人生堪称传奇。那么,在诸多光环之下,罗杰斯是如何评价自己的呢?一个来自亚拉巴马的穷小子到底是如何成为华尔街风云人物的?踏上环球之旅的罗杰斯在旅程中收获了什么?对后来的生活又产生了什么影响?

我四十多年前在华尔街成名,"金融投资家""旅行家""冒险家",这些头衔都是媒体曾给我的赞誉。其实,我也只是一个普通的美国人,生活中我还是丈夫、父亲和大家的朋友。很小的时候我就想去看看世界,想去冒险,向往真正的自由,而如今,我的愿望都一一实现了。随着时代的更迭,岁月流逝,逐渐接近80岁的我,感到自己生命力仍然旺盛,似乎永远不会停下喜欢的工作和探险,也许这就是我在这个世界上的存在方式。毕竟大多数人的生命都不会超过100岁,百年之后,谁又知道自己会去哪里?也许未来的生物技术能够让人类的寿命突破目前的限制。所以,让我们将冒险继续下去吧!

在讲述自己对中国的最新观点之前,对于21世纪的人们,有必要简述一下我的人生经历和投资之道,当然你也可以在互联网上搜索。这样做是为了让新进入资本市场的人们了解,像我这样的投资者能够成功,背后隐藏着怎样的窍门,抑或仅仅是幸运。

## 一个小镇男孩的探索历程

我和我的家人目前居住在新加坡,我们都是美国人。而我们为什么定居在了新加坡?这就不能不说说我的经历。

20世纪40年代,我出生在美国亚拉巴马州西南部的迪莫波利斯

（Demopolis）镇。作为历史上棉花的主要产区，这里的土地以肥沃著称。儿时在家乡，与兄弟、小伙伴玩耍的记忆，至今仍清晰地留存在我的脑海中，那里面有一段关于中国的梦。

记得那是与表哥一起玩挖洞探险的游戏，我们在家里后院的泥地上，试图挖出更多的泥土，来发现地下隐藏的秘密。我们是如此兴奋，表哥甚至说："我们一直挖，就能到达中国。"长大一些后，我还希望能交到来自中国的女朋友。可能正是儿时的一次游戏，在我的心中播下了环球探险的种子。

5岁时，一次偶然的机会，我发现自己对棒球的兴趣远不如赚钱带来的快乐那么让我沉迷，赚钱本身就让我兴奋异常，我也很享受这个过程。外公是个棒球迷，爱带我去看棒球联赛。有一次，我发现捡球场上别人丢弃的可乐瓶，能到附近的小卖部换钱，于是我乐此不疲。

6岁时，我基于捡空可乐瓶赚钱的经验，开始发展自己的生意——在棒球场上卖花生和可乐。这生意不错，扩展到需要兄弟们来一起打理，并且招募了一些邻居家的小孩来替我们工作。10岁时，靠这门生意带来的收入，不仅归还了当初父亲投入的100美元本钱，还让我赚了翻倍的利润。不过，任何投资都是有风险的，1953年我11岁时，我与父亲投资养牛的生意就遭遇了失败。当时，牛肉价格飙涨，镇上几乎所有的人都开始养牛，然而等我们的牛养好时，价格跌到了谷底，投资血本无归，这真是一次惨痛的经历。

少年时期，正规的学校教育对我来说必不可少。我喜欢上学，在每次去学校上课前我都会做好充分的准备，以便能高效利用学校的时间；课余时间，我喜欢阅读人物游记之类的作品。我对这个世界充满

> 我的投资之道

MY WAY OF INVESTMENT

了好奇，遗憾的是，过度用眼使我14岁那年就戴上了眼镜。

上学之余，每日放学后与每周日的休息时间，我在罗氏杂货店和一家叫"五分丛林"的大型零售超市打工。暑假期间，我还到一家叫"布鲁克父子"的建筑公司干活。在建筑工地上扛木材、锯木头、打桩之类的体力劳动的确辛苦，但我坚持下来了，还得到了老板的加薪。

高中三年级的时候，我谋得了一个在体育场现场解说橄榄球的职位；没有球赛的时候，我还兼职做家庭教师，给一个12岁的孩子补习数学。

可以看出，我希望的生活是丰富和自由的，而我是个积极主动的人。除了上学、打短工，学校的高中活动也没有落下。我加入了迪莫波利斯"国际钥匙俱乐部"，是其铁杆会员。这个俱乐部主要针对不同会员的特点，培养其创造力和领导力，使之成为具有人文关怀、包容力、责任感的社会公民，提供如大学奖学金、出国留学等资助，美国历史上不少名人都曾是其会员。

迪莫波利斯"国际钥匙俱乐部"当时有15名会员，每周都要组织活动，如在学校做义工、参加社区活动等。在我担任迪莫波利斯"国际钥匙俱乐部"主席的那年，获得了"国际钥匙俱乐部"的大奖，我作为代表参加了在加拿大多伦多举办的"国际钥匙俱乐部"年会。1960年，我以全校第一名的成绩完成了高中的学业。"国际钥匙俱乐部"的最大赞助商之一耶鲁大学每年都会给俱乐部提供一份为期四年的丰厚奖学金，正是因为这份奖学金，我申请了耶鲁大学。令人惊讶的是，我以各科平均100分的成绩毕业，收到了耶鲁大学2000美元的奖学金，这让我和父母兴奋不已。

> 中国赛道
> 投资大师罗杰斯谈中国未来趋势 >>

## 从耶鲁到牛津

耶鲁大学于1701年创立,坐落于美国康涅狄格州纽黑文,是世界著名的私立研究型大学,教学内容上以人文社科、法律、公共政策、艺术及基础学科最为出众,而理工科在美国顶级名校里则相对较弱。

耶鲁大学人文教育的目标之一是培养学生探索人生真谛的理性态度,即关注人生价值的实现、人的自由与平等,以及人与社会、自然之间的和谐等。耶鲁大学最重要的管理特色是"教授治校",这一特色对美国高等教育界产生了巨大影响。在当时的美国流传着这样一句话:"普林斯顿董事掌权,哈佛校长当家,耶鲁教授做主。"

耶鲁大学作为美国最具影响力的私立大学之一,是美国历史上建立的第三所大学,其本科生院与哈佛大学、普林斯顿大学齐名,也是著名的常春藤联盟成员,包括比尔·克林顿、乔治·布什在内的5位美国前总统、19位最高法院大法官等社会精英曾就读该校。截至2019年10月,耶鲁大学的校友、教授及研究人员中,共有62位获得诺贝尔奖,5位获得菲尔兹奖,3位获得图灵奖。

刚到耶鲁大学的时候,我很害怕,因为其他同学都受过良好的教育,经常能出去旅行,见多识广。也许是想证明给他们看我并不逊色,在耶鲁大学学习期间,我主修历史,同时还是学校赛艇队的舵手;延续积极主动的作风,大一、大二时我还学习过刻字,参加过学校的表演活动,出演过一些角色;大四时,我将所有的精力都放在了学习上,遵循学习永无止境的原则,最终以优异成绩毕业。

耶鲁大学的学习生涯，极大地开阔了我的视野，而我也想更多地去看看这个世界，因此申请了很多国外大学的奖学金。临近毕业的时候，我收到了耶鲁大学授予的去英国牛津大学巴里奥学院学习哲学、政治学和经济学的奖学金。能去国外留学真是难得的好机会。

去牛津大学之前，我准备找一份暑期工作。此时，正好遇见美国一家老牌私营投资公司——多米尼克证券合伙人公司到耶鲁大学招收毕业生。1870年成立的多米尼克证券合伙人公司是纽约证券交易所的早期会员，据了解，它并没有在每年春季到耶鲁大学招收暑期工的惯例。不过，由于在与多米尼克招聘官的交谈中，我们之间有诸多共鸣，我很幸运地获得在多米尼克证券合伙人公司做暑期工的难得机会。

而我对华尔街的了解就此真正开启。从在证券公司的研发部接听经纪人电话到了解证券市场，我开始知道证券交易是如何进行的；在向多米尼克公司高级合伙人讨教的时候，我懂得了实践远比理论学习丰富多彩。

在那个热血沸腾的夏天，我的世界被彻底打开了，探索世界的热情日渐高涨。历史专业积累的知识，被眼前一幕幕的现实印证着、演绎着，我仿佛看到这个世界所有事务的关系与连接。最重要的是，你还可以去预见未来将发生什么事件、会走向何方。

连续两个夏天的多米尼克证券合伙人公司暑期工作，让我明确了自己未来决心从事的工作和发展的方向——华尔街。在这条街上居然有人愿意付钱，让我去做喜欢的事情，去探索和印证自己的想法，去冒险。正式进入华尔街工作前，我还得完成学业。来到牛津大学后，我发现耶鲁大学与牛津大学的风格完全不同。巴里奥学院是牛津大学

> **中国赛道**
> 投资大师罗杰斯谈中国未来趋势 >>

最古老的学院之一，出过诸如"现代经济学之父"亚当·斯密、英国前首相哈罗德·麦克米兰和爱德华·希斯等名人。

在牛津大学求学期间，我已经开始把学到的历史知识与经济学知识（亚当·斯密的经济学思想是必修课）应用起来，如把英国的历史与经济发展的兴衰联系起来，同时也亲身体验到当时英国外汇管制带来的困扰。那时，英国贸易逆差越来越大，外债不断攀升，尽管英国政府坚持英镑不贬值，但我坚持认为英镑贬值难以避免，并且随时可能发生。最终事实证明我的判断是正确的。不仅如此，我那时第一次开始将投资视野扩展到全球。

早在耶鲁大学赛艇队训练时，我就对"牛津—剑桥对抗赛""亨利皇家赛艇会"的划船比赛耳熟能详。牛津大学与剑桥大学的赛艇运动是一项传统，"牛津—剑桥对抗赛"更是万众瞩目。想成为参赛选手，牛津大学各个学院数以百计的学生需要经过激烈的角逐，胜出的荣耀是可以想见的。

第一学年的时候我通过与其他选手竞争，获得了参赛资格，第二学年时我成为牛津代表队的正式舵手，也是137年来第二位入选的美国舵手。我们船队在"牛津—剑桥对抗赛"中，以超出剑桥队3.25米的成绩夺冠。其后，我们继续奋战，为夏天的"亨利皇家赛艇会"做准备。该赛事被称为皇家赛事，因为首位赞助者是王室成员，比赛期间菲利普亲王会亲临现场观看。来自全世界的选手将进行为期5天的对决，这也使该赛事成为赛艇中的顶级赛事，如果有大学选手能参加，将给该校带来无上的荣耀。而我们以6分28秒夺冠，不仅如此，我们也因这一成绩入选吉尼斯世界纪录，这是我第一次创造世界纪录。

> 我的投资之道
MY WAY OF INVESTMENT

## 转战华尔街

　　1966年，我从牛津大学毕业，然后去服了两年兵役。1968年，我迫不及待地奔向华尔街，此时，正值美国牛市见顶，漫长的熊市开始。我先后去了3家投资公司工作。

　　第一份工作是在卡特·伯林德和威尔公司做助理分析师，去了没几个月，公司重组，我选择离开。随后，我去了贝奇公司，担任初级投资分析师，做机械工具和广告代理行业的投资分析。

　　其后，我转投迪克·基尔德公司，该公司替慈善机构、大公司或者私人客户管理多品种的证券投资组合，投资风格主要是投资成长股。担任总裁助理期间，我发现这家成立不久的公司的很多客户尽管将资金交给公司管理，但对投资标的的风险与收益情况并不了解。

　　当听说纽伯格·伯尔曼公司在招人时，我决定去碰碰运气。毕竟，该公司的老板与创始人是华尔街具有传奇色彩的交易员——罗伊·纽伯格。此人早年从纽约大学退学，没有商学院背景，但他在华尔街征战的68年投资生涯中，却保持无一挫败的纪录，并开了开放式基金投资的先河，被誉为"美国共同基金之父"。幸运的是，我加入了纽伯格·伯尔曼公司，得到了纽伯格的认同，担任其助理，因而能够近距离观摩其投资技术。

　　在上述两家公司做助理工作时，我从中获得不少的真知灼见。特别是能近距离地观摩其投资手法，真是让人叹为观止。但我明白，别人的投资手法永远是别人的，我不想追随，我需要找到自己的投资之道。

华尔街的魅力就在于充满变化，我对此很着迷。每天有成堆的信息向你涌来，既有国家的政策调整、各类行业资讯、大宗商品价格变动，也有公司经营问题、地区局势影响等各类与投资股票、外汇、债券相关的内容。

尽管在工作中吸收和消化信息，并捕捉其中的机会是第一位的，但实战才是达成赚钱目的的落脚点，才是磨炼投资人能力的最佳途径。1969年末，我预感股票市场的熊市在慢慢逼近，为了抓住这次机会，我押上了所有的钱，买入辛辛那提铣削工具公司股票的看跌期权，因为我知道这家公司的股票根本不值当时的市场报价，遭遇投资者抛售是必然的。

随着道琼斯指数创出3个月来的新低，热门行业上市公司股价纷纷掉头向下，股市多米诺骨牌效应开始显现；几个月后，我卖出持有的看跌期权，赚了3倍的利润，而华尔街却有无数的基金公司、投资公司、个人投资者破产。几倍的财富增长，令我的自信心极大地膨胀，我甚至觉得自己就是投资天才。

两个月后，我认为可以乘胜追击。当强劲的触底反弹达到高点时，我再度全力做空，这次做空的重点是一只叫"大学计算"的公司股票。不过，这次股市并没有按照我预料的那样停止反弹，而是进一步上涨，做空带来的亏损超出了我能支撑的保证金水平，账户损失惨重，最终不得不强行平仓，落得个满盘皆输，我失去了所有的资金。前后4个月的时间，我就从天堂到了地狱，这一段破产经历真是刻骨铭心。

为了不让这样的事情再次发生，我更加疯狂地投入工作，曾经在一周内去过十个城市，拜访正在研究的公司。金融投资市场的竞争是残酷的，没有很强的好奇心与毅力是难以持续下去的。为此，我也付出了第一次婚姻失败的代价。

我的第一次婚姻，发生得有点偶然，我很庆幸和她离婚了，没有一直在一起。但我们分开的时候，我还是不开心，因为我不喜欢这种感受。当我回顾人生时，我发现这是我第一次巨大的失败。我的一生中犯了很多错误，遇到了很多问题，但这是我最早的大错误之一。

为了能找到更适合自己的投资方式，我最终加盟了颇有口碑的阿尔霍德－布雷奇罗德合伙人公司。就是从这家公司开始，我的投资事业真正打开了大门。

当时，阿尔霍德－布雷奇罗德合伙人公司副总裁乔治·索罗斯正想招聘一名年轻人，经人介绍，我们认识了。交谈中，发现双方都有国际投资视野（当时华尔街关注国际市场的投资人很少），因此一拍即合。我们共同管理公司的双鹰基金，投资范围覆盖国内外市场。

从事基金管理工作，似乎才是我真正想做的事。印象较深的一次投资是1971年我从一家天然气管道公司的发债说明书切入，发现石油天然气行业已到崩溃边缘，通过多渠道信息的印证，双鹰基金重仓买入行业个股，并成功抓住了这次机会，获利不菲。

1972年《经济学人》杂志公布76家离岸基金和海外基金上一年度

业绩，我们管理的双鹰基金两年来的业绩排名为离岸对冲基金第一，两年增长率达53%。

由于公司内部管理问题和政府监管方面的限制，1973年，乔治·索罗斯与我在双鹰基金的基础上，自立门户创立量子基金，我持股20%。量子基金也是对冲基金，同双鹰基金一样，都可以在牛市、熊市中买卖获利；公司注册地不在美国，投资标的覆盖全球的股票、期权、外汇、债券、大宗商品，资金的募集是私募的形式，采取不断利用已有资产做抵押贷款的方式，来加大资金杠杆倍数；属于一只高风险、高收益的对冲基金。

在量子基金的具体运作上，一般是乔治负责基金的交易，我提供投资分析结果；当然，有时候乔治也会告诉我他的想法，我也会去研究；有时候，则是我们两人一起研究同一个行业和公司，再讨论彼此的看法。不过，进行一笔重大交易的时候，我们通常会对投资标的取得共识。其间我的具体做法是，当我发现某个行业可能存在机会时，就深入挖掘下去，了解清楚到底是怎样的机会、是否能够投资，最终，根据判断确定行业趋势以及行业转折点，并在此基础上，找寻行业中的优秀公司或者被严重低估的公司股票作为投资目标。

1973—1974年，华尔街大多数对冲基金在看多股市的方向性错误中损失惨重。量子基金却在做空"漂亮50"绩优股的操作中斩获颇多，这主要得益于对冲的投资操作。量子基金自成立以来，管理的资产飞速膨胀，截至1974年，财富增长率远远超过标准普尔500指数，已成市场追捧的明星基金。1975年5月，美国《华尔街日报》在头版位置对量子基金进行了大篇幅采访报道，引来大众的广泛关注，乔治与我瞬间成了公众关注的焦点。

虽然我擅长玩投资游戏，也很享受这个工作，但在华尔街成名几年后，青少年时期35岁退休的梦想再度进入我的脑海，因为我从没想过此生只从事一种职业，生命的激情需要更多的释放渠道。

时间进入1979年，此时，量子基金已达2.5亿美元的较大规模（这在当时是很大规模了），并且继续在投资市场上日进斗金，赚钱带给我的乐趣依然还在，但我离开华尔街的想法却日渐清晰，想起离开带来的自由感觉，我总觉得有无限乐趣。

直到有一天，美国证券交易委员会（SEC）开始调查我们的一项投资。美国证券交易委员会指控乔治·索罗斯操纵计算机科学公司股价。尽管乔治以和解方式解决了该问题，但接下来量子基金内部管理出现的一系列问题，都向我表明，现实情况离我与乔治创立该基金时的最初目标已经越来越远。1980年，我选择彻底离开量子基金。

回顾当时的量子基金业绩，可以看到，创立以来总资产增长42倍，扣除交易和管理费后，实际收益率为3365%。

## 环球投资

退休后不久的一次聚会上，哥伦比亚大学商学院院长邀请我去讲课。我自知不擅长教学，也没什么兴趣，但鉴于哥伦比亚大学商学院有间特别好的健身房，如果我去教学就可以免费使用，我还是答应做兼职教授试试。

> **中国赛道**
> 投资大师罗杰斯谈中国未来趋势 >>

我在研究生院带了一个班，班上大概有 15 名学生，平均年龄 26 岁。我采用的教学方式是实践性质的，让学生模拟投资分析师角色，为我这个基金主管提供投资建议，我再指导学生具体怎样去做。

没想到的是，学生相当喜欢这样的教学方式；我也从教课的过程中体验到了不少的乐趣。就这样，我的哥伦比亚大学商学院教授一职持续了四五个学期。直到 1987 年美国股市大崩盘时，我仍在学院从事教学工作。

从事教学期间，我在校外也非常忙碌。我担任电视访谈节目《吉姆·罗杰斯的利润发动机》的主持人，该节目每周有 5 个晚上在财经新闻有线电视网（FNN）上播出，财经新闻有线电视网当时垄断了财经节目，知名度极高。之后，我与财经记者比尔·格里菲斯一起担任美国全国广播公司财经频道（CNBC）《我的投资组合》电视节目的主持人，采取现场直播的方式，接听观众电话并做出评论。

在哥伦比亚大学任教期间，我获得中国政府的批准，可以骑摩托车穿越中国。1988 年，我用 3 个月的时间完成了旅行，而这趟旅行作为美国公共广播公司（PBS）制作的系列旅游纪录片《征程》（*The Long Ride*）的一部分，是我和摄制组一起完成的。回来后，我接受了哥伦比亚大学聘请我做全职教授的邀请。

后来，我又从俄罗斯人那里获准驾车穿越苏联。我立刻辞去了哥伦比亚大学和财经新闻有线电视网的工作，带着女朋友塔碧莎·伊斯塔布鲁克，在 1990 年春天，骑着摩托车开始了梦寐以求的环球之旅。

这场从冰岛启程的环球之旅，横跨了 6 个大洲、50 多个国家，历

> 我的投资之道

时22个月，里程数超过16万公里，因此被载入吉尼斯世界纪录。由于环球旅行没法时刻顾及我的投资，旅程开始之前，我将大部分资产做了调整，采取了比较保守的投资策略，资金主要配置在公用事业股票、国债和外汇上。不过，出于职业习惯，在旅途中，途经各国的经济环境依然引起了我的关注。1992年夏天，我与塔碧莎回到了纽约，不过很遗憾我们最终因为一些原因分开了。

1996年，我写的关于这次环球之旅的书《投资骑士》再版发行。当我在北卡罗来纳州的夏洛特钱币博物馆做演讲推广时，我遇见了现在的妻子佩姬·帕克，并开始交往。这期间的1998年，我创立了自己的商品指数，这是一个以大宗商品投资为基础的商品价格指数，是从13个国际交易所中选取36种大宗商品价格进行计算得来的，相比高盛商品指数、道琼斯商品指数等其他指数，罗杰斯国际商品指数（RI-CI）有更高的复合收益。截至2012年8月，罗杰斯国际商品指数的收益率是281%，同期标准普尔指数的收益率是62%。最终，我将创立的商品指数授权给瑞士的瑞银、日本的大和证券。

我和佩姬·帕克在1999年开始自冰岛出发的环球之旅，在这场跨世纪的探险途中，迎来了我俩的千禧婚礼，时间是2000年1月1日。我们途经了116个国家，穿过丛林、沙漠、战区，跨越了21万多公里，终于在2002年1月5日回到纽约，这创造了一个新的吉尼斯世界纪录。

千禧年的这次探险成就了我的第二本书《资本家的冒险》。回到纽约一年后，2003年，我的第一个女儿出生了。经过审慎的考量后，2007年底，我们回到纽约做新书《中国牛市》签售活动的同时，卖掉了纽约的房产，举家搬往新加坡定居。2008年，二女儿出生了。

> **中国赛道**
> 投资大师罗杰斯谈中国未来趋势 >>

在环球旅行中，特别是骑行穿越中国的时候，我对这个国家产生了浓厚的兴趣，我对中国的认识也随着多次到访而逐渐加深，最终我坚定地认为中国将成为下一个伟大的国家。面对即将到来的如此巨大的机遇，我清楚地意识到，应该让我的孩子们做好准备，我让她们从小学习中文，我希望她们在一个充满东方文化气息的氛围中成长。问题是我和太太佩姬只能说几个简单的中文词，我们的情况是需要有个双语的环境，所以最终我们选择了新加坡。

目前，我生活中最重要的事，就是与两个女儿以及家人在一起，这是我的首要责任。之前我从来没想过要孩子，我甚至认为孩子是对时间、金钱、精力的巨大浪费。自从我有了一个孩子后，我意识到之前的想法是错误的。所以现在对我来说，最重要的是我的两个女儿。

我很晚才成为父亲，所以我不想错过任何和女儿们在一起的机会。我想确保她们长大后知道自己想要什么，追求自己想要的东西，不要去跟随别人的脚步。

我一直在捐款，捐给慈善机构的大部分钱都投到了教育行业和艺术领域，因为教育改变了我的生活，我从小村庄走到了耶鲁大学和牛津大学，教育改变了我的一切。

至今我仍然热爱阅读，类别也不限于经济学的范畴。大多数人都忽略艺术，但如果我们能多接触一些艺术的领域，所有人都会变得更好。我是莎士比亚的粉丝，我喜欢莎士比亚，他是一个天才。奇怪的是，我不爱看电影、电视，但每次读莎士比亚的作品都会深感震撼。他极富洞察力，在五百年前就对人们的心理和生活方式如此了解，这简直令人难以置信。

# 2

## 找到你自己

FIND OUT YOURSELF

从亚拉巴马到耶鲁大学，从华尔街到全球，人们通常会说这是一个幸运儿的故事，但我们知道成功没有偶然，毕竟不是所有在耶鲁大学学习过、在华尔街工作过的人，都可以成为罗杰斯。那么罗杰斯的成功之处到底在哪里？他又是如何找到适合自己的投资方法的？

　　罗杰斯曾经说过，他从不看华尔街的群体性报道，他认为华尔街分析师的判断并不完全正确，那他个人是怎样做出投资判断的？该如何找到投资线索？是否有投资秘诀？在职业生涯中，他有过哪些辉煌的战例？是否也有过惨痛的教训？他又从中学到了什么？

## 什么样的人才能成功

从最初进入华尔街工作开始,我满怀激情地投身投资这一行,现在我依然如此。尽管年轻时也曾热爱过许多其他事物,比如棒球、摩托车、赛艇运动等,不过我对这些事物的兴趣,都随着时光逐渐淡去了。只有金融投资依然吸引着我,因为我始终对这个世界的变化感到好奇。对我来说,投资的美在于世界上的一切都会影响它。

如果智利发生一场革命,它将影响世界上很多人,但这也带来了投资机会。我年轻的时候对世界真的很感兴趣,那时只能通过阅读报纸或书籍,或者通过关注各个地区正在发生的事件来了解世界。

在华尔街,我找到了别人愿意付钱让我了解世界的方式,投资工作自然成了我最大的乐趣。工作开始前,你必须了解全世界的一切,而每天的资讯变化又是如此之快,如果周一来到办公室,会发现上周发生的一切也许完全改变了。

为了适应这样的节奏,每一个人必须不断更新有关全世界的一切信息,才能做到提前预判,合理应对,当然赚钱可不容易。对我来说,这却是一个持续不断、令人兴奋的挑战。每年、每月,甚至每小时,投资世界都在不断变化,这是多么令人兴奋的事情!它意味着你需要保持对世界上一切信息的持续跟踪和关注,比如韩国的铜价和艾奥瓦州的农民最近在做什么，诸如此类的新闻。

如今，金融投资产品种类日益增多，投资的方式也丰富了许多，加上互联网技术的进步，信息获取更加快速深入，这让我去实地走访的时间更少了，但决策却更加轻松了。

想起我当初进入华尔街的时候，每天长时间地阅读大量公司年报，收集、整理分析数据信息，内容又涉及如此多的行业；发现问题的时候，还需要去实地走访了解，工作量确实不小。此前也提到过，我那时简直就是工作狂，一周可以去十个城市，拜访不同的公司，不过我喜欢这样的工作，甚至暗自希望股市周末都不休市，可以让我一直都工作。

我对投资倾注了所有的时间和精力，但每当我听信别人的投资言论时，我通常都会犯错。我不知道为什么，也许对某些人来说不是这样的，但对我来说就是。为此我走了很多弯路，犯了很多错，所以我不再听别人的。这是我的决定。我知道也有一些人听别人的建议，最后做得也很好。我只想说，要以自己的方式去做事，倾听自己大脑的声音，做出自己的判断，就算其间经历了错误和亏损，那也都是值得的。

我必须要告诉你们，当我第一次去华尔街时，几乎所有人都比我年长，比我有经验，我想：他们应该都比我聪明。要知道，在华尔街几乎每个人都受过良好的教育，我认为他们知道自己在做什么。结果，事实证明，他们中的许多人并不是这样的。所以，我学会了停止听别人说什么，而是以自己的方式做判断。在华尔街，我学会了走自己的路，这对我来说，是最好的方式。

> 找到你自己

**FIND OUT YOURSELF 2**

毋庸置疑，每个人都要书写自己的故事，也只能成为他自己，如果你想复制其他人的人生，那么你将不会取得巨大的成功。你必须弄清楚自己想要什么，激情在哪里，然后追求目标。如果你只是试图追随别人的激情所在，那不会让你走得太远。

如果人人都能找到自己的路并坚持走下去，世界将会变得更好。现代社会中，太多人没有按照自己的意愿去做事，他们正在按照父母、老师、朋友的要求去做事，或是按照社会安排的成长路径在行进。他们似乎丧失了自己的激情，害怕追寻自己，认为自己做不到。如果我们多去看看世界，看看地球上不同的人群，就不会惧怕了。

当然，这并不容易，成就与众不同的事业与功名都不是一朝一夕的事。而这个艰难过程中的每一步，除了考验你的聪明才智，也同时考验着你的激情与热情，外化为你的毅力与决心。

就像我热衷于放眼看世界，热衷于骑摩托车环游世界，许多人或者说几乎所有人，都梦想环游世界，但很少有人真正尝试。也有很多人说，我有一个梦想，等攒够钱就去环游世界。其实，他们错了，驾驶摩托车横穿沙漠和金钱无关，因为你不能用金钱去面对那个沙漠以及这期间出现的任何问题，比如你的油箱空了，或者生病了，这些问题是不能用钱来解决的。内心的力量和热爱能支持你在沙漠中解决这些问题。

我知道这并不容易，甚至可以说非常困难，面对太多无法预知的处境和困难时，人往往会退缩。据我所知，也有很多这样尝试过的人，他们大部分都失败了。

每一次出发,我都不知道能不能活着回来,我已经很有钱了,可能会因为冒险而失去所有,但如果我退缩了,就绝对没法成功,没办法到达终点。这就引出第二个词——毅力。我要教给自己的孩子们最重要的词就是毅力。

我们都认识聪明但不成功的人,我们都认识受过良好教育但不成功的人,我们都认识美丽但不成功的人,我们都认识有天赋但不成功的人。那么,是什么决定最后的成功呢?

这个世界上,成功的人是那些坚持不懈、永不放弃的人,没有什么能阻挠他们,因为他们具有那种不怕失去所有,也决不动摇的决心和毅力。

不管怎么说,首先得找到你热爱的事物,无论是什么,追求它,然后坚持下去。这样的人是快乐、成功的人,他们上班从来不是工作;他们每天都开心地醒来,他们只是喜欢自己在做的事情,并不认为这是工作。

我在华尔街时,英国广播公司在报道中说我一直在工作。但是对我来说,这不是工作,这是乐趣。我无法想象有比我正在做的事更有意思的事情,坚持不懈的人是成功和快乐的人。因此,如果你可以听从内心,找到自己热爱的事物,并跟随它永不放弃,那么你就会快乐并且成功。而且,当你想上路的时候,就可以跨上摩托车环游世界。

## 适合的，才是最好的

投资领域有很多赚钱的方法，有些我知道，但大部分我不知道，并且就证券市场的投资而言，有一个常识就是，不可能存在一种方法是通用的。可以想见，大家都用一种方式投资赚钱，那赚的钱是从哪里来的呢？又怎么会有人赔钱呢？等你真正理解这个市场的时候，你就会明白这一点。

我可以告诉你我的投资方法，但最重要的是你怎么找到自己的方式，并且竭尽全力去做。我曾经在华尔街认识一个人，那就是我初入华尔街时遇见的纽伯格·伯尔曼公司的传奇交易员罗伊·纽伯格。纽伯格每一两天就买卖股票，做了八十多年，非常成功，虽然我参与过他的投资操作，但我始终弄不明白他是怎么做到的。有一天，我突然明白了，是我没有短线交易的天赋。

其实，证券投资的方法和工具不少，并非只有短线交易方法才能成功，后来我找到了自己的方法，我想纽伯格也不会知道我又是如何做到的，这就是投资的魅力所在。因此，你也必须找到自己的方式，不要轻易听信别人的话，包括朋友、老师、父母的话，甚至也不要听我说的话，请按照自己的方式去做。

一般情况下，如果你不赔钱，那都算不上尝试，算不上寻找机会，算不上冒险，也算不上在投资，你只是在做一些简单安全的事情。投资就是当你做对的时候，市场会加倍地回馈你，给你更多钱；而你做错的时候，它也会毫不留情地拿走你所有的钱。

当然，我犯过很多投资错误，也损失过很多钱，现在依然会失误，这些都是正常的。只要你不断提高自己的交易水平，失误就会越来越少，你也就会越赚越多。但我不会坐在那里计算清楚我亏了多少钱，赚了多少钱，我知道我能支付账单就可以了，我知道我能继续投资就可以了。

那么现在来说说我的方法。

通常，我会先尽可能多地获得与投资相关的信息（行业、商业模式、不同观点），然后让这些信息在大脑中运转起来，让它们产生化合反应，不断解构、重组，这样就会有新东西（想法）产生。其间大脑的运转过程和方式，我们每个人肯定是不同的，还带着各自的判断与情绪、喜好，甚至是否足够客观，都不是每个人自己能够审视清楚的，不是吗？何况每个人的记忆力、阅历、经验与知识水平完全不同。

而此时，一旦遵循传统方法，也就是听从华尔街分析师等所谓专家的观点，你就会发现你在做和其他人一样的事，这样做的结果很少会是对的；如果你只是跟随人群的看法，你也会发现他们很少有意见统一的时候，而这样做的结果同样很少会是对的。

你需要弄清楚到底发生了什么。当发生了某些事情的时候，你应该开始思考：这事情因什么而起？主导事件的力量是什么？谁会在其中赚钱得利？通常，如果你能弄清楚谁在从此事中获利，往往就会真正弄清楚到底发生了什么。

另外，我发现人们忽略的东西，往往隐藏着未来的成功机会。例如，在投资中如果你发现没人关心，甚至大家都不喜欢的东西，而它的价格又非常便宜（往往是因为大家不在乎才价格低）——生活中此类事物并不鲜见——另一方面，该事物的内部或外部需求可能正在慢慢发生改变，而你能找到改变的催化剂，那么，你就可能抓住这个赚钱的机会。

这种情况比较普遍，各个行业都有这样的情况，无论你是医生、技术员、作家、足球运动员还是其他投资者，如果你能清楚地知道情况，并做出判断，就很有可能取得成功。反之，跟随人群，做其他人都知道只是他们没有做的事情，并不会使你成功。

无论我取得过多少次的成功，其实，我大部分时间还是在寻找（价格）便宜的，且被大众忽视的东西，以及某些商品或行业即将发生重大变化的转折点。20世纪80年代，世界发生巨大变化的时候，中国市场整体价格就非常便宜，它被忽视、被嘲笑。今天也有类似的情况出现，比如今天的俄罗斯市场很便宜，同样被忽视，但是你了解清楚这些现象背后的情况后，可能会发现未来将有巨大的改变，一旦事实印证了你的看法，你将会成功。从2015年开始，我一直投资俄罗斯，我持有的大多数股票都上涨了很多，我现在依然在俄罗斯寻找好的投资标的。毕竟，俄罗斯自然资源相当丰富，政府的负债也不高，政府对市场经济的监管也发生了巨大变化，目前市场整体价格正处在适合投资的范围。

金子总是藏在角落，你只要过去弯腰捡起来就好。不过这种情况在我身上很少发生。是的，真正的大机会是不会经常出现的，当你发现它们的时候，应该抓住它们。

弄清国家、行业、公司情况的方法很多，观察只是其中一种。有

> **中国赛道**
> *投资大师罗杰斯谈中国未来趋势* >>

人问我：既然你喜欢去全世界观察了解，那具体应该怎样观察呢？我认为，这是与每个人的关注点相关的。大多数游客去巴黎，都会去参观埃菲尔铁塔。而我关注一切经济、人文等现象，并将实际看到的与我的固有观念做对比，思考为什么会这样，好还是不好，未来会怎样，等等。

记得我第一次来中国时，很害怕，因为当时美国媒体的宣传说中国人是邪恶、狠毒、嗜血、可怕的人，我的朋友甚至担心我不能活着回去，所以当我降落北京走下飞机时，我以为自己可能被枪杀。你们知道结果肯定不是这样的，中国的友好超乎我的想象。

我之后访问中国时，看到的是中国人真的很努力，他们雄心勃勃，懂得为未来存钱；他们受过教育，知识渊博。中国还有悠久的文化历史。所以通过自身的感受，我对中国的了解更深刻。最终，我意识到，中国将成为一个神话般的国家。

在中国期间，我经常骑车或开车出城，到村庄里转转。在那里，我见到的所有人都在努力工作，他们很早起床，从早工作到晚，生活也很节俭，拼命地为未来储蓄。他们懂得利用所有可以接触到的资源，他们受过教育，也重视孩子的教育。反观美国，很少有人管教自己的孩子，很多孩子都很懒惰，都被宠坏了。

通过研究历史和观察现状，我认为，中国正在崛起。然而，当初没人和我说这个，恰恰相反，每个人都说不是这样的。20世纪80年代当我回到纽约时，电视和其他媒体上都在说：投资日本，不要考虑中国，中国人是懒惰的。我知道那是错误的，因为我亲眼看到了中国是什么样子，所以我投资中国，而不是日本。

低价买入和高价卖出是普遍的交易常识，这听起来让人觉得好像赚钱很容易，其实不是的。赚钱对我来说，从来都不是一件容易的事，但是在经济崛起、发展繁荣的地方赚钱比在衰落的地方容易，这也是一条常识，比如中国目前就处在发展繁荣的阶段，而日本和英国就不再那么有热度，去那里赚钱就相对有难度。

上面说的是一些总的原则和方法，在寻找具体公司时，方法也是一样的。比如投资一家公司前，你首先需要阅读公司的财务报表和年报，不只是当年的，还要研读五到十年内的财务报表和年报，看清楚这家公司的盈利趋势是处于上升还是下降过程中，经营的策略是否稳健等，要了解有关经营的一切信息。

只有你真正理解一家公司的生意和赚钱之道，你才能懂得如何去看待这家公司的发展状况和未来可能的趋势，然后，将你的全部理解放入大脑进行分析，看有没有新的想法产生。

这就是我的方法。

还是那句话，每个人都必须找到自己的路，每个人都必须按照自己的方式做事。不幸的是，在投资领域没有那么多成功的故事，大多数人因为这样那样的原因最终无法成功投资。赚钱真的不容易，至少对我而言从未容易过。我当然希望自己有好运气，那将是多么美妙的一件事；然而，我发现，每一次的犯错事实上都是因为我没有做足够的研究。

有些人可能会认为，我上述投资操作的方法没有什么特别的地方，华尔街的分析师和基金经理也都是这样做的，而我并没有告诉大家为什么我的业绩能超过他们大多数,难道只要不听他们的建议、自己调研或不与他们为伍,保持特立独行就能最终胜出?

并不完全是这样的。华尔街基金经理也有很厉害的人物,比如彼得·林奇,就是杰出基金经理的代表,他的投资风格也是以勤奋调研著称,他也强调独立调研的重要性。他掌舵的麦哲伦基金在1977—1990年的十三年中,总投资收益率达27倍。彼得·林奇曾被美国《时代》周刊评为"全球最佳基金经理",我们曾一起参加《巴伦周刊》每年举办的圆桌会谈。我的意思是,你只有找到一条与众不同的你自己的路,并且是一条正确的路,你才能成功。

## 投资案例:成功与失败

为了让大家看看具体的操作,我还是梳理一下此前的投资案例。虽然这些案例的发生距今已有很长一段时间了,但它们为我后期投资风格的形成奠定了基础。

一般投资工作的整个流程可以划分为三个阶段:一是确定投资目标;二是选择买卖时点;三是拿多少钱出来买。当然,看似简单的三段式工作流程,真要在每个阶段都做出好的决策,获得真正的实效,其实并不容易。

首先,就投资目标涉及的品种来看,20世纪中期,华尔街上的可选品种远不如现在丰富,当时对冲基金都属于新事物,知道的人并不多,更不要说了解这种基金的杠杆交易和多空对冲交易了;现在的金融市场上投资品种多如牛毛,如股票、期货、债券、基金、外汇、黄金、期权等。

如果你没时间和兴趣自己投资的话，你可以通过购买各种公募基金和私募基金，请专业人士来帮你打理资产。当然，你最好看看这些代客理财产品的投资风险如何，以及他们采取的投资方法及投资范围。

接下来才是重点：<u>了解每个投资交易背后包含的内容。</u>

如果是做股票投资的话，花一些时间去学习专业性的知识是必需的。起码你得看懂公司的财务报表，知道公司是赚钱还是亏损；经营方面的知识也是必备的；然后就是去收集相关公司的经营信息，以及行业的发展变化。

我们那时收集信息的方式，没有现在的互联网这么快捷，当时能够看到的信息来源包括报纸、大众杂志、专业性的期刊、上市公司年报和其他相关的文字资料，通过订阅收集这些资料，来追踪希望了解的行业和公司，或发现投资机会。

我也经常担忧自己会因为不能对投资目标的状态有详尽了解而出现闪失，因而总是不断地核查股票对应的上市公司最新的经营动态，以至于这种对事态发展紧密跟进的状态成为一种习惯。

我认为，<u>信息在传递过程中存在着各种扭曲、失真和本身就极易变化的特点，</u>如能在第一时间发现公司经营基本面的永久性改变，或者出现重大变动的先兆，及时采取止损的决定，能够让损失最小化。也正因为信息本身的特点，我一般外出参加投资类社交活动时，<u>从来不主动和其他分析师谈论股票。</u>当然，我也从未遇到过一位值得我尊敬的分析师，他们总是追随大众的认知在走，没有自己的独立观点，最糟的是每当我把最新的情况和看法告诉他们的时候，他们不仅不相信我，反而对我提出的证据表示不屑。

信息发掘和印证比较典型的一个案例是20世纪70年代初，我在双鹰基金做投资经理期间重仓投入石油相关行业而大获成功。

### 捕捉业内信息

美国第一次石油危机之前两年——1971年，有一天，我看了一家大型钻井承包商赫尔默瑞奇·佩恩公司的年报，注意到这家有着数十年钻探经验的公司在报告中称，美国钻井平台的数量正以每年15%的速度递减，这个数据意味着行业的迅速变化。

同时，我对这家公司印象深刻。还是在我的儿时，有一次我父亲带着一家人去同在亚拉巴马州的外婆家，一路上就看见石油钻井平台燃烧的火焰，那是石油生产商在开采石油时烧掉的天然气。那时我很疑惑，不知道他们为什么这么做。后来，我了解到，之所以白白烧掉天然气是因为政府限定了天然气价格，生产商无利可图，宁愿将开采石油过程中产生的天然气烧掉。

儿时的印象与佩恩公司的信息是否都在预示着什么呢？我随即去了一趟俄克拉荷马州，拜访了当地的石油生产商，特别是石油钻探设备公司，得出的结论基本一致：该行业公司经营都很艰难，难以为继。面对行业惨淡的前景，佩恩公司的董事长还好心劝我不要投资这一行业。这说明石油开采的生意确实是糟糕到了极点。

在这样一种现实境况下，一般人很可能就此止步，因为谁知道这样的行业惨状什么时候才会出现转机呢，就连行业内的资深人士都在试图阻止我投资。是的，我也不知道什么时候介入这一行业才是最佳时点，我毕竟不擅长短线交易，但这种行业的重大转折点的信息却是我努力寻求的。

我在已获得信息的基础上继续思考。是不是因为广大民众在生活中对石油的相关需求减少了呢？不是的，我掌握的行业数据显示，自1945年开始，美国人的汽油消费量增长了4倍，用电量增加了6倍。每年还需要进口大量的燃油。

看来，要完全理解上述现象的矛盾，还需了解一段行业发展的历史。从20世纪50年代开始的二十年里，世界石油价格始终被美英等国的石油巨头控制在1.8美元/桶左右的水平，而美国国内的天然气价格被政府限定在一个极其低廉的水平，以至于美国国内的天然气开发商无利可图，陷入发展停滞的状态。

那么，美国国内需求的增长是靠什么呢？当然是从世界上的石油主产区进口，因为便宜，自己生产反而价格高，不如直接进口。不过，在世界石油主产地中东地区，在以色列领土问题上一直争端不断，而美国支持以色列，这让阿拉伯国家很愤怒，产油国和美国的摩擦难以避免。首先，伊朗对石油工业实行国有化，英美石油公司纷纷被清扫出竟。随后，中东其他国家纷纷效仿伊朗。

1973年1月，受中东产油国实行石油工业国有化的影响，世界石油价格涨至2.95美元/桶，但石油输出国组织（OPEC）仍认为石油的价格水平较低，一个由6个波斯湾国家组成的谈判代表团与欧美石油公司谈判，局面僵持不下。终于，1973年10月第四次中东战争爆发，产油国联合将油价上调，达到3.65美元/桶，同时宣布对欧美等西方国家实施石油禁运，就此引发了欧美国家的第一次石油危机。

受此影响，美国总统尼克松就能源的紧急事态发表电视讲话，号召民众开始一场能源自给自足的"独立计划"，减少生活能源的消耗；美国国会通过法案，对国内石油实行全面价格管制。截至1973年底，世界石油价格从能源危机前的3.12美元/桶，飙升至11.65美元/桶，涨幅近3倍，而这只用了2个月的时间。

了解清楚全面的背景信息后，我们确认了投资目标和买入的时机，并根据决策进行了资金的重仓配置。1971年底，双鹰基金重仓买入所有石油相关行业的股票和看涨期权，两年后，第一次石油危机成为压倒骆驼的最后一根稻草，我们赚取了可观的利润。

也许，有人会认为我们只是幸运，双鹰基金在石油行业的盈利是在等待了两年之后开始的，并且从当时中东的形势演进看，毕竟谁也无法准确预见到第一次石油危机的进程和造成的影响。

我想说的是，投资的眼光和判断力就表现在这里，再加上我们做了充分的调查研究，确定性的程度已经接近100%，对于我们来说，整个事件的发生和发展基本上是铁定的事，风险几乎为零。等待两年时间是因为我们不擅长短线交易，要让时间来验证我们的判断。另一个让我们认为判断不会错的理由就是，就算当时没有发生石油危机，石油行业的惨淡与市场需求的增长之间的矛盾也是不可能长时间延续下去的，爆发只是时间问题，爆发的力度则看美国解决石油问题的办法是否适当。

## 关注外部信息

同样是信息发掘和印证，比较典型的另一个成功案例是投资国防军工股，只是这一次的信息来源并不是相关公司内部。我此前提到过，信息的来源不一定局限在某一领域，甚至看上去与经济完全不相关的信息也会引出一次很棒的投资机会。

1973年10月6日，第四次中东战争爆发，阿拉伯民族与犹太民族之间硝烟再起，此次战争演变成导弹大战，各种新型电子武器纷纷亮相。持续交战中，《纽约时报》的一篇战地报道引起了我的注意。

开战初期，以色列军队的美式装备应堪称顶级配置，却被对手配备的苏制萨姆导弹打得措手不及，损失不小。难道苏联拥有更先进的电子武器装备？此时，我发现了最新的现实战况与我的固有观念出现矛盾，这往往就是投资机会出现的苗头。

我开始收集查阅相关资料和国防军工股的年报。由于当时处于越南战争后期，美国在武器装备上的投入已经大幅减少，加上第一次石油危机导致的经济衰退，国防工业公司整体业绩持续下滑。以知名飞机制造商林-特姆科-沃特（Ling-Temco-Vought）公司为例，这家公司始创于1932年，以制造飞船、侦察摄影机以及各种飞机零件为主，五年内先后兼并了几家飞机制造和导弹公司，不过，公司经营上并未有多大起色，甚至出现亏损。1969年，林-特姆科-沃特公司每股亏损达10.69美元，1970年每股再度亏损17.18美元，股价也一蹶不振，从1967年的169美元/股跌至1970年的7美元/股。

> **中国赛道**
> *投资大师罗杰斯谈中国未来趋势* >>

随后，我走访了国内顶级军火商，其中包括美国军用船只和电子产品制造商利顿公司、国防电子产品制造商泰里达因技术公司、著名军火制造商雷神公司、国防工业承包商洛克希德公司。事情的脉络逐渐清晰起来：以色列军队受制于阿拉伯军队的真正原因是，以色列军队缺乏一种侦察红外制导和雷达制导的空对空导弹的新型尖端技术装置，而美国军工企业没有更多的财力和物力投入这种装置的研发，使电子对抗技术暂时落后于苏联。这种态势是不可能持续的，美国政府必然会补齐短板。

在走访军工企业的过程中，我曾询问相关公司，如何在美国经济膨胀严重的情况下保障公司的盈利。几乎所有的军火商都表示，正在与政府重新谈判，希望政府增加军费投入，来减小企业损失。

是的，任何一家军工企业的金主都是国家。我去了趟华盛顿，拜访威斯康星州的民主党人威廉·普拉克希麦尔的助手、一位国防预算的专家，以及五角大楼的官员们；我向他们了解当前美国国防支出的状况，以及对未来美国国防支出是否会改变的看法。

军工企业面临的经营状况也日益受到各方面的关注，无论是五角大楼还是军事专家都强烈意识到美军的技术装备问题，这需要政府扭转此前的做法，加大在军事装备上的投入。

1974年，军工股股价跌至谷底，没有任何要上涨的迹象，我们准备分批买入，等政府政策明朗后再加大仓位。此时，洛克希德公司传出可能破产的消息，而我们深知这家公司在加利福尼亚州有一个神秘的研发基地——臭鼬工厂（Skunk Work），正是美国空间计划的核心技术中心，专门为美国空军研发秘密武器，如著名的F-117夜鹰隐形战斗机、U2高空侦察机等都出自他们之手。

因此，量子基金反而利用市场的利空传闻重仓买进洛克希德公司的股票，直至1982年该股票成为各大银行信托投资部门首选投资标的时，我们开始抛售。买入时的价格为2美元/股，抛出时的价格为120美元/股，八年时间，总体收益率达60倍。

在对军工股的调研过程中，我还发现未来战争将发生重大变革的信号，无线传感器网络的发展和应用将大幅提升战争的自动化水平，智能炸弹、激光制导导弹等新技术武器会将常规战争彻底升级。1975年，量子基金开始投入国防电子对抗领域的公司，其中两家重要公司是首选目标，它们就是洛雷尔公司和E系统公司。

洛雷尔公司创立于1948年，专注雷达和声呐侦察技术产品的研发生产，曾赢得美国军方的大笔订单。依托这些订单，洛雷尔公司1959年进入资本市场发行股票；紧接着利用行业低迷的机会，大肆并购其他公司，导致大量负债，公司的经营一时陷入困境。

此时，一个叫伯纳德·施瓦茨的人进入公司并准备重振公司，他调整原有的业务方向，建立一整套电子对抗系统生产线，拿下美国空军F-15战斗机的雷达预警接收器系列产品订单，其后新开发出的多款电子对抗产品大获成功，使公司发展成为电子对抗领域的全线供应商，产品进入欧洲市场。

1979年底，洛雷尔公司已成为美国第二大电子对抗系统产品公司，股价也连创新高。量子基金在洛雷尔公司每股0.35美元的价位时大量买进，截至1982年，洛雷尔公司的股价已涨至31美元/股，量子基金抛售时，利润高达88倍。

E系统公司是1972年从林–特姆科–沃特公司中剥离出来单独上市的。该公司相当重视新技术、新产品的研发，当年实现销售收入1.56亿美元。1973年E系统公司进行业务重组，旗下的格林威尔部门已开始为油库维修、后勤保障、美国空军的特种部队提供服务，也为美国总统、副总统、内阁成员的专机提供服务和保障。

1974年，E系统公司进入电子通信行业，并成为全球军用无线电通信设备和卫星通信地面接收站天线的顶级供应商，同时在全球微波通信系统的技术支持与咨询服务方面也成为业界领头人。E系统公司全部订单中超过一半是军工合同。

值得注意的是，就是这样一家实力雄厚的军工行业内公司，外界知道的人并不多，E系统公司的股价被严重低估，每股不到1美元。量子基金在E系统公司股价跌至0.5美元/股时大举建仓，持有不到十年的时间里，股价涨幅将近100倍，截至1982年抛售时价格为45美元/股。

### 思维局限

上述两个成功案例都说明了深入理解投资目标对最终成功投资有多重要。当然，这两个案例在选时的准确性上也是做得较好的，没有出现买入过早而股价继续下跌带来巨大心理压力的情况。

下面我再举两个比较典型的投资失败案例。

斯普拉格电子公司是由罗伯特·查匹曼·斯普拉格于1926年创立

> 找到你自己

的，其父弗兰克·斯普拉格曾是爱迪生的合作伙伴，善于发明创造，有"电力牵引之父"的美誉。罗伯特继承父亲的长项，也喜欢发明创造。他创立了斯普拉格电子公司，专业生产电子装备和电容器。

凭借罗伯特设计出的体积更小、性能更好、售价便宜的电容器，公司业务迅速增长。第二次世界大战军需品的订单，也使斯普拉格公司挺过了美国1929年股市崩盘带来的经济大萧条。

随着业务发展，斯普拉格公司的高科技研发能力逐渐增强，第二次世界大战期间已能为美国军队生产尖端武器装备上使用的电子元器件。1943年，斯普拉格公司在美国已拥有8000多名员工、6家工厂，在欧洲与远东地区也开设了工厂。罗伯特还曾被美国总统艾森豪威尔任命为美国国家安全委员会大陆防空司令部的顾问。

第二次世界大战后，罗伯特主导斯普拉格公司销售业务，将其分成两个部门：一个部门负责传统的电容器产品的销售，稳固已有市场；另一个部门从事由罗伯特亲自督导的半导体新产品的销售，该类产品主要是满足新技术和尖端设备的市场需求。

由于电容器和武器内置电子元器件是斯普拉格公司的主要业务，多年来这两类产品都已有稳定的销售渠道，销售人员自然不愿意在半导体新产品的销售上下功夫。管理层失策的是，并未发现销售部门的问题，仍然将公司资源向半导体销售部门倾斜。

20世纪80年代，随着日本更低价格的电子元器件产品涌入市场，斯普拉格公司的传统业务遭遇困境，而新产品半导体业务又没有起色，最终引发公司的经营衰退。不过，在量子基金重仓买入斯普拉格股票的1974年，斯普拉格的两个部门正在相互争斗，量子基金原本看好公司半导体业务能使业绩大幅提升，但年报的糟糕表现却使得各大机构看空抛售，股价暴跌直接导致量子基金损失惨重。

究其原因，量子基金更多是被斯普拉格公司创始人的个人光环所蒙蔽，对于公司核心产品的实力和历史业绩给予了更多的信赖，以至于忽视内部管理上的缺失，尤其是新业务执行力上存在的短板。严格来说，管理层都没有察觉半导体业务不振的真正原因，如何让外部投资人明察秋毫？不过，如果量子基金能够从半导体行业的角度深入挖掘，应该能够提前发现斯普拉格公司的新业务存在问题。

马斯柯（Masco）是一家生产水龙头的制造公司，由于技术门槛不高，同类型的产品品类繁多，生产商之间竞争激烈。当发现这家公司的经营面临大幅下滑的时候，我开始大量做空这家公司的股票。

之后，马斯柯突然收购了一家小公司，试图扭转下滑的业绩，收购的这家公司是生产步话机的，大家把步话机调到相应的频道，可以接听到警察、消防人员和紧急医疗救护工作人员之间的谈话，只是这种步话机不是双向的，只能接听不能对讲。我没有想到的是，这种步话机很受大家的喜欢，产品出现了供不应求的局面，业绩大增的预期使马斯柯股价一飞冲天。

自然，我这一次投资损失不小，原因就在于没有在马斯柯并购步话机公司的时候，跨出原来水龙头业务下滑的思维局限，仅以惯常的思维认定新项目成功的概率不大，忽视了步话机市场的情况。尽管我在做空马斯柯股票期间，多次追踪核实水龙头业务下滑的详尽数据，也曾去调研步话机市场的变化，但已经受到局限的思维是难以走出固有藩篱的。

## 选对时点之难

1971年双鹰基金遭遇初创以来的首次重大挫折，但最终我们熬过来了，并取得了胜利。整个投资过程是这样的：第二次世界大战后一直到20世纪70年代早期，美国经济经历了一段快速发展的时期；之后，由于当时世界经济出现不稳定状况，经过前一段时间的增长后，美国没有找到新的经济增长点。此前政府刺激经济的赤字财政开始失效，政府开支不断扩大，借以刺激经济回升，提供大量就业机会，但是扩张性的财政政策最终也失效；经济滞胀导致大量企业倒闭，无数民众失业。

为此，美国政府于1971年8月宣布推出一揽子的新经济政策，试图应对经济下滑。政策内容包括暂停外国政府或中央银行用美元向美国兑换黄金（所谓的关闭黄金窗口），对所有美国进口的商品加征10%的关税，对国内物价、工资、租金和红利的价格水平实行90天冻结等。不过，其后的实际情况是美国政府的新经济政策不仅没有达到预期的效果，还加剧了经济下滑。

当时，双鹰基金正好重仓进入日本股市，选择做多，因为日本经济一直发展很好，而又无人关注，股票价格很便宜，也正在慢慢上涨。在做多日本股市的同时，由于我们不看好美国的经济状况，于是通过股指期货做空美国股市。

美国政府宣布实施新经济政策这一消息之后，市场的反应完全出乎我们的预料。新政出台后的一周时间里，日本股市暴跌20%，美国股市却一飞冲天，完全与我们的持仓方向相反，那一周我们备受煎熬。幸好，我们持有的北海石油股票因为石油价格的上涨正在盈利，能够缓和一下我们承受浮亏的巨大心理压力。

难道我们此前的研究是错误的？公司的分析师与我们一起一再复盘此前的研究，但结论依然是美国经济不可能在短时间内企稳向好，相反，政府的举措只会让目前的经济更糟，并且由于美元的贬值，日本经济向好和日元升值，日本股市依然值得看好。我们最终选择了继续持仓，将市场情绪带来的反向走势认定为一次盘中反弹，相信整个市场的趋势依然不变。市场最终还是选择了我们这一边。

从此次操作中可以看到，现实并不像一般技术分析人士所指出的那样：市场永远是对的。我们对基本面的判断是正确的，只是在进入的具体时点上，也就是选时上，没有考虑到市场的情绪化。值得注意的是，通常市场的一次大规模情绪化反应，会带来浮亏，造成巨大心理压力，往往使人在无法承受时，中途平仓而致全盘皆输。

我初入华尔街时个人破产的经历就是另一个选时错误的典型案例。1969年末，我预计美国股市将崩盘，于是，我把所有的资金都用来买入一只叫"辛辛那提铣削工具公司"股票的看跌期权，这种期权交易可以在看对走势而盈利的情况下，用盈利再度追加筹码。5个月后，股市果然崩盘了，这是自1937年以来最严重的一次股市崩盘，市场的所有参与者都出现巨大亏损，就在下跌到一定点位的时候，我卖出了看跌期权，获利3倍。

可就在我信心满满地再次试图把握市场趋势时，一次超预期的强劲反弹毁了我。当时，我在股市出现超跌反弹高点时，再次做空6家公司的股票，试图乘胜追击，可市场强劲反弹的力度超出了我的预期，随着市场持续反弹，一次次的浮动亏损中，我的所有资金都无法满足增加保证金的要求，最终只能黯然离场认输，我输光了此前的盈利和本钱。尽管我做空的6家公司确实在未来的两三年先后破产，但我已经没有资金保持我的仓位去等待最后的胜利了。

这段操作历史给我留下了刻骨铭心的记忆，应验了约翰·梅纳德·凯恩斯的那句老话，"市场保持非理性的时间，远比你支撑的时间长"。这次操作，选时错误依然是主要因素，当然资金配置过重是另一个重要原因，但总的来说，失败的最根本原因还是心态上太急于求胜，这是我投资生涯中学到的重要一课。

# 3

## 我的全球投资重心

THE FOCUS OF MY GLOBAL INVESTMENT

"19世纪是属于英国的，20世纪是属于美国的，21世纪则是属于中国的，不管人们喜不喜欢，这是事实"，这是罗杰斯多次在公开场合表达的观点，也是他亲见之后下的结论。在所有人都没有看向中国的时候，他已经开始了在中国的投资。直到现在，他依然持有数十只中国公司的股票，这些股票涵盖了多个行业。近年来，世界的经济格局出现诸多变化，由科技引领的产业新格局也在逐渐形成。作为一位把握大势的投资者，罗杰斯会如何顺应变化，把握趋势呢？他最看好哪些国家，理由是什么呢？对于中国经济的现状和未来，他又是如何看待的呢？

2020年到来了，看着两个"20"的组合，像是强调这个世纪已经走过了二十年，我们人类的进步在哪里呢？为了更好的生活，地球上的人们不惜让全球变暖，让石油枯竭，让大海更脏。幸好大家意识到了，只有所有人团结起来，共同跨越发展的障碍，才能实现真正美好的生活。

现在的全球经济越来越融合为一个整体，很多产业不断往欠发达地区转移，从而使新兴经济体开始表现出强劲增长态势。对全球新兴市场国家的关注，一直是我投资成功的重要因素，人类对于美好生活的渴望，一定是推动新兴经济体高速发展的原动力。

我曾经说过，投资成功的关键是一定要找到便宜的东西，而经济的起飞则正是发生转变的时间点。我注意到，一些新兴经济体的最佳增长时间点已经临近，只是彻底转变的过程尚需要时间验证，这也是我投资期一般会长于五年的原因。

亚洲、欧洲地区的许多国家，近几年来，经济已经开始持续转变，其中俄罗斯、韩国的发展势头比较引人关注。当然，大家都知道，我最看好的还是中国，我说过，21世纪是属于中国的，现在我依然这样认为。

> 中国赛道
> 投资大师罗杰斯谈中国未来趋势 >>

## 俄罗斯股市

五年前，我可能不会谈论俄罗斯或韩国，现在却变得非常热衷。尽管我投资的国家和公司在不同时期是不同的，但寻找机会的方式和判断依据都是一样的，都是那些被大家忽视的、不看好的、便宜的东西。

过去的六年里，我一直在俄罗斯投资，可以说非常成功，大多数股票上涨了很多，我很满意。现在我仍然在俄罗斯投资，莫斯科交易所指数也在不断创下新高。

近年来，俄罗斯政府花了不少人力和财力，试图将莫斯科打造成国际金融中心。2009年，俄罗斯出台《2020年前俄罗斯金融市场发展战略》，力争要用五年时间在莫斯科建立国际金融中心。然后，政府开始实施一系列举措，包括整合两大证券交易所，组建专家团队，从高盛、摩根大通、黑石集团招募全球金融人才。

目前，莫斯科交易所（MOEX）和圣彼得堡证券交易所（SPBEX）是俄罗斯股票市场上最大的两家交易所。除了股票，它们还提供债券、货币和期货交易，拥有超过800家上市公司、上千种证券。莫斯科交易所总部设在莫斯科，是2011年合并了莫斯科银行间货币兑换所（MICEX）和俄罗斯交易系统（RTS）后成立的。

莫斯科交易所指数成分股包括许多知名跨国公司的股票，如俄罗斯天然气工业股份公司、俄罗斯储蓄银行、俄罗斯石油公司、卢克石油公司、诺镍公司和俄罗斯外贸银行。莫斯科银行间货币兑换所指数是追踪俄罗斯主要经济部门50种最具流动性的股票表现的关键股票指数，以卢布计价；另一个是俄罗斯交易系统指数，以美元计价。这两项指数都在上述合并后的莫斯科交易所进行交易。

俄罗斯交易系统指数2008年受全球金融危机影响，遭遇重挫，从高点的1970点持续下跌至493点，跌去超过7成；2010—2011年，指数又大幅反弹至1900点附近，随后的2011—2016年指数逐级震荡下跌，最低到过578点；从2016年开始，俄罗斯交易系统指数开始出现上升走势，2019年上涨有所加速，涨幅达40%；2020年初达到1600点左右，2020年下半年在1200点附近。

其实，近一年来，世界经济增长放缓、全球贸易摩擦加剧、英国脱欧等不利因素接踵而至，但新兴市场依然有亮眼表现，俄罗斯股市便是其一。究其原因，俄罗斯企业经营状况良好，在2019年纷纷增加派息，平均股息率以7%位居世界前列，而标准普尔500指数的股息率只有2%左右，并且目前全球利率水平仍在下调中。

尽管俄罗斯上市企业平均股息回报率达到7%左右，是作为基准的摩根士丹利新兴市场平均股息回报率3.3%的2倍；然而，俄罗斯股市2020年初出现大涨后，上市企业的市盈率并不高。明晟（MSCI）俄罗斯指数的平均市盈率低于6倍，低于其他股市，我想这是吸引投资者的重要因素之一。

2020年上半年，我买了更多俄罗斯公司的股票，因为价格很便宜，毕竟俄罗斯自然资源丰富，债务不多，政府的管理方式也发生了巨大改变。我之前曾说过，找到便宜的东西并不意味着能找到趋势转折点，对于投资俄罗斯的最终结果，我还需要更多时间等待。

> **中国赛道**
> 投资大师罗杰斯谈中国未来趋势 >>

二十年前，我环球旅行穿越解体后的苏联时，那里刚刚结束与市场供求规律的对抗，俄罗斯的私有化改革刚刚开始，但广大民众日常生活的现实状况依然是物资短缺。在那里，人们每天要花两三个小时排队，试着买点西红柿之类的生活用品。

最近几年，我注意到东北亚的主要经济体表现出向好的趋势。俄罗斯丰富的自然资源正在被开采或等待被开采，交通设施也正在逐步完善。虽然一直步履维艰，但可以看到俄罗斯领导人管理国家的水平要比南美和非洲的高。

如今的俄罗斯，普京政府正在努力提高整个经济的活力和经济结构的稳定性，打破传统行业如天然气、电力和铁路交通的垄断，以提高企业的运营效率。为此，普京建立了专门的委员会促进天然气工业和电力行业国内市场的自由化，具体的举措是进一步增加外资在天然气工业公司法定资本中的比重。

虽然俄罗斯政府一直在推动经济的发展，但石油、天然气和有色冶金等资源型行业一直是俄罗斯经济的主要支撑，也由于石油价格伴随世界经济的起伏而波动剧烈，1997年的亚洲金融风暴和2008年的次贷危机仍然通过影响石油价格而拖累俄罗斯经济。

这似乎是难以避免的。为此，俄罗斯试图通过调整产业政策来实施经济现代化的计划，优先发展能源、宇航、医疗和信息技术等领域。但这并没有改变俄罗斯经济结构先天失衡的问题，也没有转变传统的经济发展方式。普京又提出了新的产业政策目标，主张借鉴韩国和中国的经验。

在2014年因收回克里米亚而受到西方经济制裁的不利影响下，俄罗斯经济在2016年却出现了回暖和增长的迹象，俄罗斯股票指数也在2016年出现转折点，出现了持续攀升的行情。

这背后的原因首先是世界石油价格的上涨，带动俄罗斯的原油出口，增加了外汇储备；同时，俄罗斯利用2014年乌克兰危机爆发后，西方国家对俄罗斯的制裁，限制进口这些国家的猪肉、奶制品和蔬菜等农产品，而出台政策鼓励国内发展农业，直至达到国内食品供应的稳定增长。农业在俄罗斯经济中的地位逐渐上升，这也是俄罗斯经济结构调整的一个关键点。毕竟，一直依赖石油、军火等产业带来的经济增长不稳定性相当高。

在俄罗斯农业的发展过程中，我注意到佛萨卡①（PhosAgro）和AgroGard②等俄罗斯农业公司在发展壮大，还有俄罗斯航空（Aeroflot）。

## 投资韩国

韩国的证券交易所目前只有一家，2005年政府将原韩国证券交易所（KSE）、韩国期货交易所（KOFEX）和韩国创业板市场（KOSDAQ）合并，交易所指数为韩国综合股价指数（KOSPI）。

---

① 佛萨卡是俄罗斯一家化工控股公司，生产化肥、磷酸盐等，公司总部位于莫斯科。

② AgroGard是俄罗斯最大的农业控股公司之一，主营业务包括农作物生产和畜牧业。

经过此次调整，政府极大提高了韩国证券市场在全球范围的竞争力，提高了证券市场的国际化水平，使之更加透明；交易品种也更加丰富，包括股票、债券、股指期货、期权和各种共同基金，以及外汇、利率期货和黄金期货等，市场交易规模急速放大。据了解，韩国证券市场市值超过1.3万亿美元。韩国证券交易所创业板的成交量及换手率仅次于美国纳斯达克，其上市公司总市值曾达世界第四。

2008年之后，KOSPI受美国次贷危机影响，曾跌至900点左右，随后强劲反弹至2011年2229点的历史新高；2011年至2017年一直处于1800点至2200点的区间，做窄幅震荡；2017年开始，指数出现上涨，最高涨至2607点的历史新高；之后，指数震荡下行至2019年底的2200点附近，2020年下半年在2400点附近，目前已站上3000点。

韩国证券市场国际化程度较高，像我这样的外国人参与较多，持有市值占比较大，这也是韩国证券市场的一个显著特征。因此，韩国证券市场涨跌受国际资本的估值定价标准和资金流动进出的影响较大。在韩国经济中占重要地位的大企业集团都在证券市场挂牌，其中包括三星、现代、LG、SK、浦项制铁、韩华等集团。

韩国总人口约5200万，主要民族为韩民族，占全国总人口的96%。韩国矿产资源较少，有开采利用价值的矿物如铁、铅、锌、钨等的储量不大，由于自然资源的先天不足，韩国主要工业原料依赖进口，也促使制造业和服务业加速发展。

韩国制造业非常注重科技研发，其中，计算机内存、平面显示装置，以及移动通信终端都在世界电子消费市场中具有较大影响力。由于韩国人力资源的短缺，韩国政府重点发展机器人产业。

目前，韩国工业机器人的保有量居世界第三位，在纳米级搬运机器人系统和高密度革新制造工程用机器人领域已经掌握了世界领先的核心技术，研发出世界上首个治疗癌症的纳米机器人，可对大肠癌、乳腺癌、胃癌和肝癌等高发性癌症进行诊断和治疗。韩国排名前五的机器人制造厂商包括现代机器人、罗普伺达机器人、东部机器人、斗星机器人和阿尔帕机器人，其中现代机器人在韩国的市场占有率超过50%。此外我也关注到新能源领域的公司，例如韩国特装车企业Nano-Medics。该公司成立于1966年，2003年在KOSPI主板市场上市，主营消防车业务和环境与特殊车辆业务。该公司已经与北京新能源汽车股份有限公司、韩国首家石墨烯生产企业Standard Graphene签订了以二次电池和车辆轻量化材料开发为核心的商业协议。我已经是该公司的董事，我认为该公司可能会受益于石墨烯革命。

另外，韩国旅游业较为发达。近年来，韩国政府将旅游业确定为战略产业，对外输出韩系文化，简化出入境手续，改善景点的基础设施和服务水平，效果较好。据统计，2017年去韩国的外国游客达1334万人，2018年为1534万人，2019年达1750万。我也是韩国Ananti公司的董事，我认为，该公司可能会从旅游业发展中受益。

20世纪60年代，韩国经济开始起步；70年代，韩国经济开始高速增长。人均国内生产总值（GDP）从1962年的100美元左右增长至20世纪末的10548美元，2019年已超过3万美元。1995年，韩国成为世界贸易组织（WTO）成员。1996年，韩国加入经济合作与发展组织（OECD）；1997年亚洲金融危机后，韩国经济进入中速增长期，制造业和服务业是主要产业，造船、汽车、电子、钢铁、纺织等产业产量均进入世界前十名。

2008年全球金融危机之前，除了1997年受亚洲金融危机影响外，韩国的GDP增速很少低于3%；2008年之后，受国际金融危机影响，韩国经济增速明显下滑，从2010年的6.5%逐级下滑到2018年的2.7%，2019年增速为2%。近年来，韩国经济增长动力较弱的原因，与中国等国家产业技术升级有关。中国、印度等新兴市场国家劳动密集型产业的转型升级，提高了其出口产品等级。以电子产业为例，2004年韩国出口额是中国的2.5倍，而在2012年已被中国拉平。

## 高增长还看中国

对于世界新兴经济体及其资产前景，我一直持有乐观的看法，也一直在倡导大家予以关注。就算美国想尽办法提振自身经济，也仍将更多地倚赖世界新兴市场的增长，而不是国内政策；贸易保护主义的拖累也将更加明显。

反观亚洲，新兴经济体越来越表现出快速增长的势头，尤其是中国，一直处于增长的最前沿。随着发达经济体进入"中年危机"，全球经济的再平衡将依靠亚洲新兴经济体的崛起来实现，中国作为重要支撑是一个不争的事实，所以我一直说21世纪将属于中国。

中国的机会仍在。我之前曾经说过，找到便宜的东西并不意味着马上就能看到改变。如果你是在1959年来中国寻找投资机会的话，那段时光会给你带来灾难，很长时间内你都不可能赚到钱，这也就是必须找到转折点的原因。

五百年前，中国人已经在世界各地航行，之后朝代更迭，统治者

> 我的全球投资重心 3
THE FOCUS OF MY GLOBAL INVESTMENT

出于各种各样的原因关闭了通往世界的大门，致使中国陷入了衰落；20世纪70年代后期，中国领导人邓小平认为，中国需要尝试一些新的东西。由此开始逐步结束闭关锁国的状况。中国在经历了长时期的衰落之后，正逐步扭转局面，现在它又在上升，并将继续保持下去。

过去的四十多年中，世界上最成功的国家是中国。1978年中国GDP是3678.7亿元人民币，2017年达到83.2万亿元，按不变价格计算，增长了33.5倍，年均增长9.5%。而几乎同期的美国和日本则分别为5.6%和4.1%。2020年，在全球遭遇新冠肺炎疫情期间，中国GDP再度呈现逆势增长，跨越100万亿元台阶，达101.6万亿元人民币，同比增长2.3%。

同时，中国经济总量在全世界经济中的分量也逐渐增加。1978年时，中国GDP总量占世界比重为1.8%，到了2018年，这个占比达到16.1%，仅次于美国的24.2%；截至2020年，中国GDP全球占比为17%，稳居世界第二。1978年中国经济总量排名世界第十五位，2010年超过日本成为世界第二大经济体，三年之后，中国的GDP总量又达到了日本的2倍。中国对全球经济增长的拉动贡献率从1979年的2%上升至2018年的约30%，成为全球经济增长的最大贡献者。新冠肺炎疫情的影响反而更凸显了中国经济对世界经济的推动作用，2020年全球经济唯一正增长的主要经济体就是中国。

中国经济已经三十年保持高速增长，近十年逐步回稳，其实这是增长过程中的一种转换，由高速增长逐步转向中速增长。未来中国的经济增速可能会稳定在5%—6%，这都是符合经济增长规律的。

尽管增速在逐步回落，但中国经济每年的新增量仍是全球最大的，

2018年中国的新增量相当于澳大利亚的经济总量，今后两三年新增量可能会相当于俄罗斯的经济总量，可以说全球最大的经济增长潜能在中国，最重要的发展机会也在中国。

但是，任何事物在前进过程中一定会遇到问题，中国也不例外。在美国发展壮大的过程中，也曾出现经济危机，有很多企业、个人破产的案例，但美国依然成长为20世纪最成功的国家。对中国来说，也是一样的，任何事物的发展都不是一帆风顺的。

2019年，中国最终消费支出对经济增长的贡献率为57.8%，比上年下降8.1个百分点；资本形成总额对经济增长的贡献率为31.2%，比上年回落10.3个百分点；货物和服务净出口对经济增长的贡献率为11.0%，较上年上升18.4个百分点。就算是遭遇新冠肺炎疫情的2020年，中国最终消费支出占GDP的比重仍达54.3%，为近年来最高水平。可见，中国近14亿人口的消费市场，自身就能保持经济增长。如果每个中国人一直在提前消费，如贷款消费、按揭购买住房，经济会发展得很快，但债务肯定会增加。中国政府也意识到这个问题，正在努力使人们减少债务，这是非常明智的。

当然，中国不仅注重自身发展，而且正通过辐射周边国家，带动更多人参与到经济发展中来，这是非常了不起的。六百年前，西班牙和葡萄牙开启大航海时代，不仅突破了人类对于地球的认知，更改变了世界的格局；两百年前，铁路的出现再次打破了世界格局，改变了我们的连接方式。像美国的芝加哥，如果没有铁路的话，这个大城市根本无从建立。我们所在的世界就是这样，每隔几百年就会发生一些改变世界格局的事件。

> 我的全球投资重心

THE FOCUS OF MY GLOBAL INVESTMENT

中国在21世纪初提出的"一带一路"倡议是本世纪最为重要的倡议，它会改变我们对世界的认知，再一次重组世界格局。未来的格局一旦改变，很多地区也必然跟着改变，有的地方会变得富裕，而有些地方则会衰落。我认为"一带一路"以外的地域是没有前途的。因此，中国提出的"一带一路"倡议将是亚洲也是世界的另一大机遇。

说到中国未来蕴含巨大机会的产业，我一直看好的行业包括：环保、农业、旅游、金融等。但是正如我说过的，如果你找不到投资中国的途径，你就不要去投资；如果在调查之后，你发现没有足够的动机或是找不到方法来投资，那也不要去投。就像有人曾问我，去俄罗斯投资或是投资俄罗斯股票，具体该怎么做？此时，我的回答都是：如果你还不知道如何在俄罗斯投资，就不要去投。

投资就是这样，除非你了解相关行业，懂得如何更好地参与，否则就不要去做。这更像一个你需要长期跟进的项目，而不是走进赌场，靠运气赌上一把。如果你只想快速致富，那么这种投资心态是不合适的，风险也是极大的。相信我，这么做是行不通的，这也是我给你们最重要的一个投资建议。

中国金融市场正在逐步放开，参与中国证券市场投资的渠道不断增多。目前，我通过沪港通、深港通等渠道来投资中国，也直接投资在纳斯达克上市的中国公司。毕竟，我比大多数人更了解中国。但我不会告诉大家具体投资哪家公司，因为大家会盲目地跟风购买。还是那句老话，如果投资者自己不去了解，就不应该去投资。

> **中国赛道**
> 投资大师罗杰斯谈中国未来趋势 >>

# 看准中国机会

## 环保产业

看看城市的窗外，灰尘依然很大，中国的环境污染问题并没有解决好。其实，每个中国人都知道这一点，他们也不喜欢这样，因此政府正在努力治理环境污染。而这也是大家认为环保产业是朝阳行业的原因，其中存在很大的商机。

随着工业化和城镇化的快速发展，中国生态环境破坏严重。虽然政府采取了很多新的管理监督手段，相继关停了很多严重污染环境的企业，但这项工作真正做出实效还需要一个过程。

近期，中国政府发布了财政生态环保资金分配和使用情况，为了激活污染治理市场，各级政府加大了资金投入力度；同时，环保产业系列政策的出台，为行业的进一步发展带来更多机会。除了传统的石化、钢铁、有色金属、煤炭、造纸等高污染行业治理需求一直保持增长外，垃圾处理、固废循环利用、土壤修复等环境治理需求也催生新的投资机会。

经过三十多年的发展，中国环保产业已初具规模。近半数大型国有企业涉足生态环境产业，包括中国节能、光大国际、三峡集团等，几乎涵盖了环保产业的所有领域。从细分行业来看，参与水处理的企业最多，包括工业废水处理、农村分布式水站处理和城市传统水务。

> 我的全球投资重心

THE FOCUS OF MY GLOBAL INVESTMENT

据了解，近年来，中国环保产业营收的年增长率为6.1%—22.5%。预计2021年中国环保产业营业收入将超过2万亿元，2025年有望突破3万亿元。

不过，环保产业仍然受政府"去杠杆""减负债"等经济政策的影响，相关企业的短期经营业绩面临一些压力。同时，生态环保领域的新需求与供给缺口较大，固废、危废产生量与处理能力存在区域分布不均衡现象。从环保产业的未来发展看，两类企业可获得更多机会：一类是综合优势强的大型企业，另一类是具有核心技术、专攻细分领域的企业。

**现代农业**

我一直提醒投资者关注农业的投资机会，因为21世纪是农业发展一个新的重要阶段，生命科学、新能源技术、空间技术、互联网等最新的科技发展，将使世界农业发生根本性的变化。

中国人口占世界的近1/5，粮食产量约占世界的1/4。中国依靠自身力量实现了由"吃不饱"到"吃得饱"，再到"吃得好"的历史性转变。2019年，中国人均粮食占有量达到470千克，比1996年的414千克增长了13.5%，比1949年新中国成立时的209千克增长了124.9%，高于世界平均水平。这既是中国自身取得的伟大成就，也是中国为世界粮食安全做出的重大贡献。

农业发展问题一直是世界范围内的难题，中国政府也深知这一点。每次我来到中国，总是能听到生活在城市，尤其是大都市的人们告诉我，他们的生活在过去四十年间发生了多么大的变化，我也亲眼看到城市里的人们拥有的美好生活；但是在农村，尤其是在一些偏远地方的农民，仍然会受到地方农业发展问题的困扰。不只是中国，全世界的农业区域一直都是这样，这也是国家经济发展的必然过程，因为每个人都想去城市寻找致富的机会。

当下，中国农业正处于从近代化农业朝着现代农业全面演进的阶段，我观察到的是：互联网在中国的高速发展，使农业的生产、流通、经营、金融服务、人才培养等产业链各环节发生巨大变化，比如生鲜电商能够有效地打破农业信息不对称，结合冷链物流的发展，极大提升流通环节的效率，降低了成本。而中国农产品每年的交易额巨大，农产品电商的渗透率近年来不断增加。2018年农产品网络零售额达到2305亿元；2019年达3975亿元，同比增长72.5%；2020年上半年达1937.7亿元，同比增速高达39.7%。可见该领域的市场前景有多大。

农业生产正引入互联网、云技术、传感系统、物联网、农业大数据等先进技术，逐步在前端安装各种摄像头、田间探测装置等来获取农田的数据。这些数据上传到云端，然后通过人工智能对这些数据（包括图像）进行机器学习，再发指令给智能操作终端，比如进行补水补肥、打药等智能化操作，提高生产效率。同时，精准农业相关产业链涉及的投资机会很多，很多知名的国际大公司正在加大在这方面的投入。

在生态农业方面，如通过轮作为农作物提供持续的养分，打破病害、虫害和杂草的生命周期；混种则通过空间上接近的，不同农作物之间的互补或者竞争，来增加产出；其他还包括林下农业、作物覆盖、种养结合、循环装置、生态土壤改良等技术领域。当然，在生态农业方面的投资需要注意的风险是专项技术的可操作性。

在生物农业方面，微生物可以修复土壤，微生物除草剂、杀虫剂不但有效，还不会对害虫的天敌产生威胁；微生物发酵可以把农业废料变成家畜的饲料，比如秸秆就能经微生物发酵变成优质饲料。投资微生物农业有很高的技术门槛。

另外，农业延伸的产业也是值得关注的。当基础农业生产做好了以后，自然环境也会呈现不一样的景观，乡村旅游就会吸引城市人群去消费，以此带动配套服务业、工商业、金融业、教育医疗等产业发展。我就去过这样的特色小镇，它们彻底颠覆了我20世纪80年代初第一次来中国时对于乡村的印象。但这一类项目大多是一些有实力的房地产商在做，因此会有一些隐含的风险需要特别注意，如农业延伸产业的真实价值是否有长期的盈利预期，这是值得思考的。不过，投资有一个降低风险的方法，就是跟着政府的政策走，就像我经常说的，如果现在你想到乡村发展，中国政府会提供很多帮助，包括一些政策上的扶持，这算是投资方面的一个窍门吧。

### 旅游业

我是一个旅行的狂热爱好者，曾经两次环游世界。20世纪80年代，我骑着摩托车到达中国，我好奇地看着中国的土地和中国的人民，而我所到之处的人们更是用一种猎奇的眼光看我，很多地方的人从来没有见过像我这样"活的"老外。的确，在过去很长一段时间，中国人很少外出旅行，更不要说飞越半个地球，去到北美、欧洲了，但现在随着中国人收入的快速增长，护照也很容易就能办下来，旅游需求

059

被不断释放出来。我相信，中国的旅游业会是一大增长点。

中国文化和旅游部的数据显示：2018年全年国内旅游人数达到55.39亿人次，比上年同期增长10.8%；入境旅游人数1.5亿人次，比上年同期增长1.2%；出境旅游人数1.4亿人次，比上年同期增长14.7%，全年实现旅游总收入5.97万亿元，同比增长10.5%。2019年，全年国内旅游人数达60.06亿人次，出入境旅游总人数3.0亿人次，实现旅游总收入6.63万亿元，旅游业对GDP的综合贡献为10.94万亿元，占当年GDP总量的11.05%。

参考数据显示，2000年至2018年中国旅游人数年复合增长率约为11.8%，人均旅游花费从2000年的427元增至2018年的926元。2012—2017年，中国旅游收入平均增速为15%。从数据来看，中国旅游业增长速度仍领先于国民经济增速，不过也出现了增速逐步放缓的趋势，毕竟，旅游消费与GDP增速是高度相关的。不过，由于2020年的新冠肺炎疫情对旅游业冲击严重，市场需求暂时无法释放，但其中说不定蕴含着巨大的投资机会呢？因为市场需求仍然在那里，全世界似乎都在盼望疫情过后，能自由地出行，当然也包括我。这也许是我在家待得最久的一次了，我都有些迫不及待，等疫情过去到中国和大家见面了。

旅游业涉及的子行业很多，一般来说，涵盖了景区、餐饮、交通、住宿、购物、保险服务等等很多个大行业，大行业又可以分出不同的细分领域，比如酒店业有民宿、品牌连锁酒店等。

关于中国的景区旅游市场，我注意到，拥有自然景区、人文旅游资源的A股上市公司不在少数，主要收入来源是门票与住宿。由于自然景区大多为山岳型，受地理位置、气候条件、资源禀赋等条件限制，主营业务增长空间不大。

不过，近年来，主题公园类的人造休闲景区似乎发展得不错，这类景区可以通过异地复制来实现快速增长。2018年，全球十大主题乐园集团游客总量有史以来首次突破5亿人次，相当于全球人口的7%。排名前十的主题乐园景区中，美国迪士尼公司一直位居榜首，但中国公司也开始崭露头角，分别为中国华侨城集团、华强方特及长隆集团，排名分别在第四至第六位。尽管如此，随着中国宏观经济增长的减速，近三年来，休闲主题乐园的游客增长有所放缓，此时继续加大资本投入，看来似乎并不合适。

一般来说，酒店业属于重资产的行业，前期投入较大，在行业发展出现低谷的时候，经过市场一系列并购整合，更有利于大型酒店集团的发展。目前，中国国内品牌连锁酒店中，锦江、华住、首旅等集团表现突出。大型酒店集团专注于布局中端酒店品牌，有意收缩经济型酒店规模，关闭经济型自营店，减少加盟店。2018年，中国中端连锁酒店数量达6036家，同比增长71.5%，明显高于经济型酒店数量增速。

出入境旅游方面，2012年中国出境游客共消费1021.05亿美元，首次成为全世界出境旅游消费最高的国家。之后，中国出境消费加速增长并逐步与其他国家拉开差距，从发布的统计数据可以看到，2016年中国出境游客累计消费2610亿美元，占全球出境消费的21%，同比增长12%。然而，自2016年以来，出境旅游消费增长出现明显放缓，同比增速只有4.52%。

在人数方面,数据显示,2019年中国公民出境旅游人数达1.55亿人次,同比增长3.3%。

入境旅游方面,2019年人数为1.45亿人次,同比增长2.9%,国际旅游收入1313亿美元,同比增长3.3%。

出境旅游目的地方面,港澳台地区仍是主要目的地,泰国、日本等地也是重要选择之一,俄罗斯、欧洲等地,有望成为新增长点。中国人口基数大,城乡消费差异大,消费分级现象明显,各个消费层均存在相对升级的需求,未来的发展前景依然看好。

2020年受到新冠肺炎疫情的影响,全球旅游市场遭遇重创,唯一值得关注的是亚洲市场的复苏,特别是中国旅游市场,我认为复苏的力度应该较大。

## 日益开放的金融业

此前,我一直在说,中国的金融业效率低下,四大国有银行垄断整个行业,像我这样的投资者也不能直接投资中国A股。近年来,我看到中国金融业的开放在逐渐提速,国际化程度不断提升,金融市场的参与者开始增多,这是一个相当好的状况。

中国对金融风险的防范是正确的,其中的银行业就是一个高风险、高杠杆的行业,一旦出现风险将波及很多行业与个人,甚至影响整个国家经济。20世纪70年代,泰国等东盟国家过快放开汇率、利率和资本市场,产生了极大的经济泡沫,最终引发亚洲金融危机,就是一个典型的例证。

在开放金融业的过程中，中国政府采取的是稳步推进的方式。人民币国际化也是与国内利率市场化同步推进的；同时，中国政府监管部门需要不断完善和适应新的市场规则来加强风险管控。随着对外开放不断深入，中国金融市场环境将更加复杂，特别需要严防跨境资本异动对经济带来冲击。

中国官方公布的数据显示，截至2019年10月末，外资银行在华共设立了41家外资法人银行、114家母行直属分行和151家代表处，外资银行营业机构总数976家，资产总额3.37万亿元。境外保险机构在中国设立了59家外资保险机构、131家代表处和18家保险专业中介机构。外资保险公司原保险保费收入2513.63亿元，总资产12847.47亿元。

2019年12月，《中华人民共和国外资保险公司管理条例实施细则》发布，进一步将外资人身险公司外方股占比放宽至51%，文件还放宽外资保险公司准入条件，不再对"经营年限30年""代表机构"等相关事项做出规定；同时，自2020年1月1日起，正式取消经营人身保险业务的合资保险公司的外资比例限制，合资寿险公司的外资比例可达100%。

2019年7月，中国证券管理机构将原定于2021年取消证券公司、基金管理公司和期货公司外资股比限制的时点提前到2020年。2019年，已有摩根大通、野村证券、瑞银证券以及瑞信方正证券等在中国境内落地的证券公司实现外资控股达到51%。中国基金业协会数据显示，截至2019年8月底，中国境内共有基金管理公司126家，其中中外合资公司44家，内资公司82家。

> **中国赛道**
> 投资大师罗杰斯谈中国未来趋势 >>

这一系列信号，说明中国金融业在加速对外开放，为国际资本打开了一个更广阔的市场空间，并且是一个有高速增长潜力的市场。

在美国资产管理行业，一家机构管理的资产规模就达上千亿美元，中国这么巨大的投资市场对他们是相当有吸引力的。早期海外资金进入中国资本市场只能通过需要审批的QFII（合格的境外机构投资者）和RQFII（以人民币为投资方式的合格境外机构投资者）渠道，由于管制的原因，操作上有诸多不便；随后，沪港通、深港通、债券通等渠道开通，外资进出中国资本市场的便利性大幅提升。

2019年9月，中国政府宣布取消了QFII和RQFII的额度限制，使进入限制完全取消；退出机制也做出重大修订，取消QFII每月汇出资金额度不得超过总资产20%的限制。在资产管理领域，外资已经可以设立独资的私募基金公司。据了解，已有几十家全球资产管理公司在中国设立了独资子公司，包括著名的桥水、施罗德等。

这一切，对我来说是好事，因为我投资的几乎都是上市证券，如在东京、纽约、上海或者其他地方的交易所上市的企业，资金上能够更自由地进出不同国家的话，我感觉会更方便。

目前，中国股市相较于历史最高点有较大幅度的下跌，如果美国发起的贸易战持续的话，有可能会进一步下跌。如果爆发全球范围内的贸易战，很多国家会破产。当然未来是否会这样，我不太确定。不过，跟历史最高点比起来，近五年中国股市是适宜投资的。

在详细了解一只股票之前，你需要明确你是在投资一家公司，而不是整个股市。比如我现在持有张裕这家上市公司的股票，我持有的是 E 股，那是我 1999 年买进的。当时我在环球旅行，开车穿越中国，有一次，我买啤酒的时候，发现居然有中国产的红酒，于是我买了一瓶，没想到这酒品质不错，很合我口味，我惊讶中国能生产出这么好的红酒，并且价格低廉。于是，我就去了解这瓶红酒的生产厂家——张裕，随后我就买了它的股票，一直持有至今。

随着中国人收入的增加，生活品质的提高，未来中国肯定会大量消费红酒，因为世界上其他的富裕地区都是这样，所以我就提前买入，等待未来的升值。不过我不建议你现在去买，如果要买，也要先做好研究，而不是因为跟随我。投资成功与否是需要时间检验的，而未来的不确定性就是风险所在。要获得投资上的成功，就不要纠结于过去，而需要弄清楚未来五年或者十年将会发生什么。

# 4

# A股能迎来超级牛市吗

CAN CHINA USHER IN A SUPER BULL MARKET?

投资已经伴随罗杰斯超过五十个年头，他自己也已经形成了"罗杰斯式"的投资风格，对他而言，投资领域的涨跌与世界的纷繁变化已融为一体。那么股市的涨跌与一个国家的经济走势是完全一致的吗？股市这个"晴雨表"是否准确？对于现在的投资者来说，股票投资有哪些误区，应该怎样面对？对于中、美两国股市的差异，罗杰斯有什么独到见解？哪一个股市更值得投资呢？他认为哪些因素将催生出一轮中国的超级牛市？A股的超级牛市又将在何时到来呢？

## 股市真的是经济"晴雨表"吗

股市真的是一个国家经济的"晴雨表"吗？这种说法并不准确。股票市场作为证券投资市场，价格的变动自然受到许多因素影响，其中的主要因素之一，是一个国家经济状况的好坏。

历史告诉我们，一个国家经济状况的变化，可能会催生出牛市或是熊市，但也可能股市对经济景气与否完全无动于衷。所以说，靠股票市场并不能很好地预测经济走势，至少不是最好的方式，至于什么是最好的预测工具，大家也在努力寻找。

可是，问题来了，既然我们要做投资，而投资的决策往往有待未来检验，那么，如何让自己的投资尽可能获得期望的结果呢？这又回到了"晴雨表"的老问题上，我们仍然需要尽可能地去认识、研究影响股市涨跌的主要因素，作为决策判断的依据；尽管深入研究后可能仍然无法做出准确的预测，但实际情况就是这样，像气象台的天气预报，虽然有时准确，有时不准，但还是需要花很大力气去收集历史数据、观测当下的变化来完成预测，以供大家参考。

遗憾的是，对于投资，似乎每个人都希望能一夜暴富，不管你本人是否承认这一点。当有投资者询问该如何投资时，我都反复强调，我不会提供简单、明了和现成的建议。

为什么我要这么说？这涉及一个投资心理学的问题。譬如，你听了我的建议去投资一只股票，以10元的价格买入。至于这只股票代表的公司是做什么生意的、未来发展如何，你完全不了解，你买入只是因为有人告诉你这么做，而你觉得你可以相信这个人，其实这个决策已经与股票投资无关了，你只是在押注对这个人的判断，这和赌博没有什么区别。

一段时间之后，假如这只股票的价格涨到了20元，你可能会跟别人说，自己有多聪明，你押注成功了，你不会提到是谁给你的信息，因为信息本身已经不重要，同时你也不知道怎么处理这只股票，是20元卖掉，还是等涨得更高些，或者再多买些。假如这只股票没涨，价格跌到了5元，出现了亏损，你肯定会告诉身边的所有人，我是因为某某推荐才买的这只股票，然后把亏损的责任推到推荐人的身上，之后你仍然不知道如何操作这只股票。这样的投资很糟糕，这不是正确的方式。尽管每个人做事都喜欢走捷径，但如果想投资成功的话，就一定要自己做好充分的准备工作，自己做出判断。尽管这样做也不一定保证百分百成功，但这是一切投资的前提。

## 美股超长牛市背后的逻辑

现在，言归正传。既然我一直看好21世纪的中国，并且希望通过投资崛起的中国，分享创造的财富，对中国股市这个经济"晴雨表"就不得不深入研究。

纵观21世纪股票指数的走势，中国上海证券交易所的上证指数在

> A股能迎来超级牛市吗 4
CAN CHINA USHER IN A SUPER BULL MARKET?

2007年10月到达6124点的历史高位、深圳交易所的深圳成分指数到达19600点的历史高位后，2014—2015年中国股市又出现过一次大幅上涨的走势，但并没有超过此前两个指数到达的历史高位。2020年初，中国股市两个指数相对于历史高位，都下跌了差不多50%，后来又逐渐上扬。

反观美国，2008年次贷危机以来，美国股市一直处于上涨之中。道琼斯指数2009年3月触及6469点的低位后，经过十年的时间，2020年初攀升至28800点历史高位，涨幅高达345%；纳斯达克指数2009年3月触及1265点后，2020年初攀升至9000点附近，也创出了历史新高，涨幅达610%；标准普尔500指数同样是2009年3月触及666点后，攀升至2020年初的3200点附近，创出历史新高，涨幅为380%。2020年新冠肺炎疫情之后，上述三大股指经历了大幅下跌，后又重新涨了回去，并且还在创出新的高点[1]。

对比上述两个国家股市，可以发现，十年来，美国股市不断创出历史新高，三个主要市场指数涨幅均超3倍；中国沪深股市指数却一度较历史高点下跌近50%。一般来说，指数涨幅已经这么高的美国股市，往往意味着更大的风险，毕竟股市投资靠"低买高卖"才能赚钱。当然，也有投资者说，美国股市未来还会涨得更高，这完全有可能。尤其在2020年的疫情期间，美国为了提振经济，超发了巨量货币，不只是美国，很多国家都在这样做。这些钱被凭空印出来，它们需要有个出口。这些"新钱"能够流入的便捷之地如此之多，因此，我们看

---

[1] 2020年11月底，道琼斯指数在30000点左右的位置，纳斯达克指数在12000点左右的位置，标准普尔500指数在3500点左右的位置。

到世界各地的金融市场和商品市场的价格都在持续上涨,并且这种情况很可能会持续一段时间。不同的是,美国的股票市场一直处在高位。

而中国股票市场早前的下跌已经消化了很大一部分风险。如果此时,你问我要选择在哪里进行投资,我会选中国。我惯常的投资策略是在市场还没有真正开始攀升的时候,进行投资。

接下来,让我们看看:这两张股市"晴雨表"反映出两国的经济情况是怎样的呢?美国作为成熟的、发达国家的代表,进入21世纪以来,GDP增速除了2000年、2004年、2005年三年超过3%,其余年份都在3%之下,其中2008年、2009年还出现负值。中国作为新兴市场国家的代表,在同一时期,GDP的增速保持在6%以上,其中2005年、2006年、2007年在11.39%、12.72%、14.23%的高位,只是近几年才逐级下降至6%左右。

与经济增速相对应的是总量变化。中国的GDP由2000年的1.21万亿美元增长至2019年的14.3万亿美元,占全世界经济总量的份额也从2000年的3.6%增加到2019年的16.3%,中国已稳居世界第二大经济体的位子;而美国的GDP由2000年的10.25万亿美元增长至2019年的21.4万亿美元,占全世界经济总量的份额也从2000年的30.5%下降到2019年的24.4%。2020年在全球GDP总量下降的情况下,中国逆势上涨,仍保持2.3%的增速。尽管美国依然是全球第一大经济体,但以目前的增速,被中国赶超是可以预期的。

从上述数据的变化可以看出,中国股市的这张"晴雨表"并没有反映出中国经济的变化,而股市毕竟是上市公司价值的综合反映,就像巴菲特的老师格雷厄姆曾说过的,"股市短期看是投票机,从长期看，却是称重机"。意思是，上市公司的股价变动短期可能并不反映公司的真实价值，长期看，一定是能的。

美国股市不断上涨，恰恰也是这个道理。美股上市公司自21世纪以来，不断进行全球化扩张，同时借助互联网和信息技术降低成本、提升效率，令业绩持续增长，给投资者带来了丰厚回报。

以知名美股上市公司沃尔玛为例。沃尔玛是一家世界性的美国连锁零售企业，1972年股票在纽约证券交易所上市交易。沃尔玛2018年在全球15个国家拥有8500家门店，主要经营方式有沃尔玛购物广场、山姆会员店、沃尔玛商店、沃尔玛社区店等四种门店类型，年营业额在全球数一数二，连续多年被美国《财富》杂志评为世界500强企业首位。

沃尔玛的第一家店在1962年开业，最初是一家乡村小店。美国当时国内经济的快速发展带动家庭消费迅速增长，超市业态进入快速发展期。1970—1980年，沃尔玛超市营收从3200万美元增至12.58亿美元，年均复合增长率约为44%；净利润从120万美元增至4100万美元，年均复合增长率约为42%；门店数量也从1970年的32家增至1980年的280家。

之后，美国超市业进入饱和期，沃尔玛采用本地密集开店策略，保证新开店物流配送；跨区域则采用收购方式，实现门店数量的快速增长。截至1991年，沃尔玛已成为全美第一大超市。

自20世纪90年代开始，沃尔玛进入全球扩张阶段，灵活地采取与各国公司合作、合营、收购和自建等方式进行拓展。1992年沃尔玛在墨西哥设立首家山姆会员店，又分别于1992年、1998年、2011年进入亚洲、欧洲和非洲等市场。

这一时期的海外扩张，成为沃尔玛业绩增长的主要动能。1998—2014年，海外门店数量从601家增至6107家，海外门店占比达到55.81%；海外营收从75.17亿美元增至1376.13亿美元，年均复合增长率19.93%；海外营收占比达到29%。

由于传统零售业遭遇电商冲击，2015—2019年，沃尔玛海外业务拓展动能大幅减弱，收入与业绩增速放缓，开始向全渠道转型。截至2019财年，沃尔玛实现营收5144亿美元，其中，美国地区营收3923亿美元，海外营收1221亿美元，占比分别为76%、24%；全球门店数量11361家，其中美国和海外占比分别为53%、47%。成为全球零售业霸主的同时，沃尔玛股价从1973年的0.04美元/股上涨至2000年的50美元/股，至2020年初达到116美元/股。

21世纪开年以来，虽然经历了互联网泡沫、次贷危机，美国企业海外利润占比仍不断增加，并且2007年以来美国标准普尔500指数中的公司海外营收占总营收的比重一直在40%以上，也就是说，上市公司海外利润可能普遍都超过了40%。

## 美股还能投资吗

美股上市公司净利润的增长，使不断上涨后的股价估值显得并不高，也吸引投资者不断买入，业绩增长与投资者买入形成的正循环，推动指数持续走高。

20世纪80年代美国实行养老体制改革，大量的养老资金为共同基金之类的机构投资者提供了资金；同时，居民购买保险增加，也使保险公司投资证券的浮存金大幅增长。巨量的机构投资资金配置在股票上，随着上市公司业绩持续增长，大众得以分享美国经济增长的成果；机构投资者长期持有股票的配置策略，也使股市在一次次下跌后，能够迅速恢复上涨。如此正向循环，使美国股市指数多年来不断创出新高。

另一个推动美股持续上涨的重要因素是上市公司股票回购的明显增多。股票回购一般是指上市公司从股东手中或股市上，购回自己发行在外的普通股。上市公司回购自家股份，一般是出于几个方面的考虑：一、为了防止其他公司的恶意收购，保持对公司的控股权；二、通过二级市场回购股份并注销，减少流通在外的股份数，增加原有股东收益和股票的含金量；三、为了对管理人员与员工实施股权激励；四、提高每股收益，改善财务指标。

此前，回购股份有炒作自家股票的嫌疑，1982年美国证券交易委员会修改了相关法规之后，回购逐渐被上市公司采用；特别是近年来，受特朗普政府税收政策和借款利率持续在低位的影响，上市公司回购股份的金额有加大趋势，回购金额多次刷新历史纪录，超过八成上市公司参与其中，有的甚至发债回购股份。

股票回购导致股市的流通股供给减少，从而推升股价。不过，上市公司大量回购股份，给股东和管理层带来利益的同时，也会让上市公司在研发和新项目方面的投资有所减少，影响到实体经济的发展，并最终导致宏观经济增速有下降的可能。

无论如何，上述不断增强的正循环成为推动股市上涨的主要力量，从美国股市与中国股市主要指数的市盈率可见一斑。

通常，美国股市的道琼斯工业指数是以传统大型公司为样本的指数，样本股相对较少；纳斯达克则是以高科技公司为代表的新兴行业或公司为主；标准普尔500指数是记录美国500家上市公司的一个股票指数，覆盖纽约证券交易所、纳斯达克交易平台上的重要上市公司。

与道琼斯指数相比，标准普尔500指数包含的公司更多，能够更准确地反映整个证券市场的变化。因此，大多数机构投资者都将标准普尔500指数作为业绩比较基准。

从美股市场的历史数据来看，标准普尔500指数的市盈率水平在15倍上下波动。就2019年美股估值来看，整体较历史水平偏高，其中道琼斯工业指数的市盈率在18倍左右，纳斯达克指数的市盈率在30倍左右，标准普尔500指数的市盈率在20倍左右。

同时，中国上海证券交易所的上证综合指数的平均市盈率为15倍左右，低于道琼斯指数的18倍、标准普尔指数的20倍；深圳证券交易所的深证成分股平均市盈率约为22倍；创业板上市公司平均市盈率在50倍左右，明显高于纳斯达克指数的30倍。

虽然看上去，美股市盈率还不错，也不算太高，但要知道，尽管全球化已完成，财务报表已经做得好看了，并不意味着美股大部分上市公司还能有更大的盈利增长的空间，恰恰相反，随着中国等新兴市场国家的崛起，美股未来的盈利增长必然下降。

当然，不能这样简单地比较两个股市的整体估值，只能以此作为

> A股能迎来超级牛市吗
CAN CHINA USHER IN A SUPER BULL MARKET?

一个投资参考指标，毕竟构成两个股市的上市公司差异较大，目前不排除个别优秀上市公司被低估。比如纳斯达克上市的新经济公司多是行业龙头，近年来业绩增长较快，估值并不高。苹果公司截至2020年初，股价超300美元，市值超1.4万亿美元，每股收益11.93美元，市盈率才25倍。

现在，我又要强调一下了，"你不能在股市已经很热的时候，参与其中"。美国股市现在就是很热的时候，甚至可以说是很烫了，大量投资者已经参与其中，美国的上市公司的股价也处于历史最高位。

而中国股市则不是这样，指数较最高点已经大幅下跌，这个时候你恰恰应该关注它；尽管中国上市公司目前可能不是最赚钱的，但随着中国的崛起，情况会改变。当改变开始发生，而你已经身在其中时，那么获得收益便是水到渠成的了。

美国股市在新冠肺炎疫情发生时，确实出现了历史罕见的大幅下坠，甚至多次熔断，但随后，道琼斯指数仍然涨回到30000点以上，而中国股市的上涨还在酝酿中，但在真正上涨开始之前，我们已经可以看到一些迹象。

## 美股跌落征象

在谈论上市公司估值的时候，业绩是一个刺激股价的重要因素；另一个与此相关的因素则是整个国家经济形势的景气与否。经济好时大家增加消费，市场需求增强，从而促使公司经营业绩变好。经济走弱时则相反。

在稳定美国经济景气方面，2008年的次贷危机发生后，美国政府多次降息，之后，美联储又推出量化宽松政策（QE）。量化宽松是指一个国家的中央银行在实行零利率或近似零利率政策时，如果发现提振经济的效果有限，往往再度推出比较极端的刺激经济的做法，即通过购买国债等中长期债券，向金融市场注入大量流动性资金，其实相当于间接增印钞票。

美国政府称，实施量化宽松政策是为了稳定市场。截至2010年3月，美国第一次实施量化宽松政策（QE1）结束，美联储共计购入1.75万亿美元资产，这个数字是巨大的。

此后，美联储实施多轮量化宽松政策。2010年11月，美联储宣布开始第二轮量化宽松（QE2），每月购入约750亿美元长期国债，截至第二年的6月结束；紧接着，从2011年9月开始扭曲操作（扭曲操作即卖出较短期限的国债，买入较长期限的国债，这将压低长期国债收益率，以提高高风险资产的投入，比如推升股市），在2012年底前购买2670亿美元长期国债，同时出售规模相当的三年期及更短期国债。

2012年9月，美联储宣布将0—0.25%超低利率的维持期限延长到2015年年中，开始推出第三轮量化宽松政策（QE3），每月采购400亿美元的抵押贷款支持证券（MBS），现有扭曲操作等维持不变。这些操作将给长期利率带来向下压力，使得金融市场环境更加宽松。2012年12月，美联储宣布推出第四轮量化宽松政策（QE4），每月采购450亿美元国债，替代扭曲操作，加上QE3每月400亿美元的宽松额度，美联储每月资产采购额达到850亿美元。

如今看来，虽然一次次的降息、量化宽松政策对美国消费市场的

> A股能迎来超级牛市吗
> CAN CHINA USHER IN A SUPER BULL MARKET?

提振有一定效果，但是负面影响同样存在。当时接受媒体采访，我就曾公开批评美国量化宽松政策。该政策实质上更像是向全球征收铸币税。它在为美国赤字财政提供支持的同时，造成了全球初级产品价格上涨。过剩的流动性，在美国经济面没有出现全面向好的情况下，推动股市不断创出新高。这也是我不看好美国股市的原因之一。

其实，美国是一个典型依靠债务带动发展的国家。21世纪以来的量化宽松政策，大幅增加了国债规模，为美国财政带来很大负担。因此，美联储收缩资产负债表是降低负担的必然要求。数据显示，2008—2014年，美联储量化宽松政策将其总资产从9000亿美元扩大至4.5万亿美元，GDP占比从6%上升至23%；其后，在经济有所好转时，美联储2017年开始缩表，至2019年8月美联储的总资产规模仍为3.9万亿美元；由于新冠肺炎疫情的原因，截至2020年底，更是达到惊人的7.4万亿美元。

与量化宽松政策相伴随的是降息。2018年底，美国股市出现暴跌走势，美联储政策出现明显转向。2019年3月，美联储暂停加息，6月决定维持利率不变，7月却又开始降息，9月宣布年内第二次降息。2019年美联储共实施三次降息，效果低于预期。2020年3月，美联储紧急降息，随后出台最激进的大招——开启无限量量化宽松的大门。

近年来，看空美国的呼声一直不断，但美国经济似乎韧性犹在，没有出现预期中的下跌。不过，美国2019年GDP增速只有2.3%左右，较2018年的2.9%下滑约20%，2020年为-3.5%，创二战以来的新低。

引人注意的是，长期的降息和量化宽松政策的背后是美国陷入"流动性陷阱"，即货币政策在刺激经济增长方面已经失效。美联储量

> **中国赛道**
> 投资大师罗杰斯谈中国未来趋势 >>

化宽松政策似乎已让股市对流动性上瘾,主要表现在2017年开始收紧财政货币政策时,2018年就出现调整,2019年又持续攀升,而2020年的新冠肺炎疫情也未结束上涨趋势,在短时间急挫后,2021年三大股市指数又不断刷新历史新高。

从2008年以来美联储的三次量化宽松周期来看,虽然每次实施都对整个经济提振起到了一定的作用,但美联储的负债过大又将遏制经济发展。近年来,特朗普实施减税政策,政府债务规模在经历短暂的收缩阶段后再度膨胀。

2018年1月,大公国际因美国债务总额超出上限而下调了美国主权信用评级。2018年,美国政府债务总额与GDP比值达到107%,而国际警戒线在60%;2019年3月,美国政府债务总额一度达22万亿美元,相当于中国、日本、印度三国2018年的GDP之和,2019年美国为债务支付的利息在5000亿美元左右。

同时,美国掀起的贸易摩擦将进一步影响企业投资意愿,其逆全球化举措也将严重削减企业利润和投资回报率。据了解,2019年,市场对标准普尔500指数盈利预测持续下调,平均下调6%,美股未来的盈利增速正在衰竭,这将加大美股的下跌压力;并且,特朗普的减税政策使得美国上市公司获得更多的现金流进行股票回购,随着税改效果减弱,美股上市公司自由现金流趋于减少。因此,未来降税带来的现金流,将不再能支持股票回购。

另外,美国股市上一轮最长牛市为1990年10月至2000年3月,共持续九年零五个月;而本轮牛市始于2009年3月,持续至今快十二年了,超过上一轮的时间。其中,像苹果、谷歌这类新经济股票每天上

> A股能迎来超级牛市吗 4

CAN CHINA USHER IN A SUPER BULL MARKET?

涨，好像永远都不会跌，这是不正常的，在任何股市都是危险的迹象。

美国经济已经持续了十多年的复苏与扩张，美股市场也维持了十多年的牛市行情，这已经是美国历史上最长的经济扩张周期。但支持牛市不断创新高的影响力因素正在逐渐衰竭，我无法预测市场出现转折的时间，如果那一天到来，可能会是我一生经历的最糟糕的熊市。

## 中国牛市征象

目前，中国宏观经济的"晴雨表"——股票市场，虽然还没有反映出其经济发展的趋势，但数据已经开始有好的表现。2019年中国GDP为99.09万亿元人民币，是全球第二大经济体；按可比价格计算，比上年增长6.1%。值得注意的是，如前面所讲，在新冠肺炎疫情引发全球经济下滑的2020年，中国经济仍保持2.3%的增长，是全球唯一实现正增长的主要经济体。

数据显示，中国GDP总量约等于2018年世界排名第三、第四、第五、第六位的日本、德国、英国、法国这几个主要发达国家GDP总量之和；2019年，中国GDP总量较2018年增加近7.2万亿人民币，按年均汇率折算为1万多亿美元，相当于一个中等发达国家一年的经济总量。

2019年，美国GDP增长2.3%，日本和欧元区的增速略高于1%，印度增长略高于5%。与它们相比，中国明显高于全球经济增速，依然是以第一名的成绩领跑全球，对世界经济增长的贡献率达到28%。

同时，中国2019年人均国内生产总值70892元，按年平均汇率折算达到了10276美元，突破了人均1万美元。就算2020年出现新冠肺炎疫情，中国2020年人均GDP仍达72447元，较上年增长2%。想想看，这可是一个拥有14亿人口的巨大消费市场。此前，全球人均GDP超过1万美元的经济体总人口近15亿，此次中国人均GDP突破1万美元，相当于人均GDP超过1万美元的世界人口翻了一番。

## 消费潜力巨大

一个国家的人均GDP增加，代表其中每一个人可支配收入也在增加，而收入的增长自然带来消费增长，这就意味着中国消费市场规模将持续扩大，消费能力与多样化、高质量的消费需求将持续增加。

因此，不用担心中国GDP增速滑坡的问题，这样一个人口大国带来的持续消费增长将使经济运行更有韧性，能更好地解决发展中不平衡、不充分的问题。

麦肯锡的研究报告显示，近年来，中国消费者信心指数（CCI）在2018年下半年有所下滑后，2019年初重拾升势并创出十年新高。2019年"双11"交易额再创新纪录，总交易额较上年增长31%，达到4100亿元人民币（合580亿美元），可见，中国消费者需求何等旺盛，更多的消费升级需求尚待释放。目前中国人均消费GDP相当于比较发达国家的80%，仍然有不小的内需提振空间。

21世纪初，多数城市的中国人仅能满足生活基本需求，92%的城市居民家庭年可支配收入低于14万元人民币。如今，已有一半的中国人开始追求更高的生活品质，比如定期外出就餐、度假旅行等。近年来，中国消费者在全球已是一支强劲的消费主力，2010—2017年，全球家庭消费增长的31%都来自中国。

大城市一部分消费群体更看重产品品质，愿意为高品质产品付出更高价钱，并且要求产品能凸显个性化，而不在乎是否符合大众口味；城市里另一类收入相对较低的群体，则更注重产品的性价比，既要品质优良，也要价格合理。

面对大城市生活中的压力、拥堵和污染，健康生活理念被大多数人所认同。现在的中国消费者购买食品时，经常查看食品包装上的成分表，对天然原料制作的食品情有独钟。同时，城市中的体验式服务项目开始增多，例如健身企业除了提供传统操课之外，可以升级服务范围；心灵疗愈类的瑜伽健身、美容等服务项目广为流行。

除了北、上、广、深这类一线大城市消费者中出现分层现象，二三线城市和农村市场消费潜力也开始凸显。特别是以中国二线及以下城市年轻女性为代表的新兴消费群体，具有很强的购买意愿，拥有更多空闲时间追逐最新潮流趋势、购买高档产品。

据了解，2010—2018年，中国三四线城市中，年支配收入达到14万至30万元人民币的家庭年复合增长率达到38%，高于一二线城市。京东、天猫、拼多多等电商平台的崛起与此类消费者的增加不无关系。

我一直看好中国旅游业的发展，这些年来的变化已经显现。据了解，2014—2018年，中国城市消费者旅行支出的年复合增长率为14%，超过GDP增长率7%。旅游者现在的要求提高了，越来越多的人喜欢自助游和跟随高端旅行团出游，更愿意追求一些新奇的体验；出境游

> **中国赛道**
> 投资大师罗杰斯谈中国未来趋势 >>

首先在高消费人群中开始增多，且主要集中在亚洲地区的短线游，前往欧洲、北美长线游的游客也正在快速增加。

虽然2020年的新冠肺炎疫情暂时抑制了出境游的需求，但随着中国经济的复苏，特别是人们收入的不断增长，出境游在未来必然有很大的增长空间，只要看看目前中国国内旅游人数的数据就可以预见出境游的增长潜力。

不过，按照联合国目前的划分标准，中国仍处于中等偏上收入国家的水平。据了解，2019年，中国人均GDP大致相当于世界平均水平的90%。从消费结构看，2019年中国居民恩格尔系数为28.2%，仍远高于发达国家的水平，这说明中国人还需要用较大比重的支出来满足吃饭穿衣等基本需要。

2020年中国政府提出"双循环"的经济战略，扩大内需已成为驱动中国经济增长的重要力量，消费对经济增长的贡献率连续五年超六成，就连2020年的新冠肺炎疫情也不能改变这一状况，2020年，中国全年的社会消费品总额接近40万亿元。中国政府正在通过出台政策，提升居民长期可支配收入水平，减少居民消费的后顾之忧。比如通过进一步降低个税和财产税改革，减轻中低收入群体纳税负担；同时，加大财政对于医疗、教育、养老方面的投入，让中国人不必为此担忧而不敢消费。另一方面，企业也在不断提升产品品质和服务质量，给予消费者更好的体验，这也是促进消费的重要举措。

### 政府能力过硬

我曾说过，中国领导人的能力很强，在中国投资需要跟着政府走。

> A股能迎来超级牛市吗
CAN CHINA USHER IN A SUPER BULL MARKET?

根据中国政府规划，2020年是全面建成小康社会和"十三五"规划收官之年，这是中国政府的一项重要工作目标。在实现目标的策略上，中国政府是谨慎和务实的，讲求的是运用好逆周期调节工具，在多重目标中寻求动态平衡。

财政政策的侧重点从2019年的加力提效变为大力提质增效，确保经济量的增长和质的提升，通过压缩一般性支出来保障重点领域；货币政策讲求灵活适度，保持货币信贷、社会融资规模增长同经济发展相适应，灵活地采取降息、降准等措施。

2020年中国政府的财政政策是把减税、节省政府开支作为关键，巩固和拓展此前减税降费的成效，面对新冠肺炎疫情，更是要加大政策力度。减税降费措施减轻了企业的负担，激发了市场活力，这样做能够让宏观经济政策的目标更容易实现。数据显示，2019年中国全年减税降费2.36万亿元，2020年全年新增减税降费超2.5万亿元。

货币政策方面，主要是要保持流动性合理充裕，疏通市场的传导机制。金融体系的市场化逐步推进中，贷款利率市场化改革迈出重要一步。面对市场竞争带来的企业倒闭问题，中国政府不像英国、日本或者美国政府那样去救济某一家企业，而是会想方设法让企业生存下去，这样的做法比日本、美国更明智。

二十年前，中国的负债率很低，虽然现在中国负债增加，不过还不至于像美国或者其他国家那样糟糕。目前许多中国企业与西方企业有贸易往来，当企业遇到麻烦时，我希望中国政府最好不要施以援手，而让市场做出判断和选择，我想这种方式也许比政府干预更能奏效。

中国正在加快打造市场化、法治化、国际化的营商环境，减少政府对市场的直接干预，为企业生产经营、参与公平竞争提供更宽松的环境。

2020年，持续改善民生也是中国政府投入的重点，以民生为导向扩大国内消费需求，以及民生补短板是政府工作的重要方面。就业就是最大的民生，政府积极拓展就业渠道，支持灵活就业，加强重点群体就业服务；政策上加强政府引导，调动社会力量积极性，发展大众急需的养老、托幼等方面的社区服务，加快补上基础设施、城市配套设施等领域的短板。

中国政府的努力，加上巨大的潜在市场需求，将为中国经济持续发展提供空间，这是经济持续向好的基础。由消费升级催生的需求，会促使中国经济发展的新动能加快形成。目前经济新旧动能的转变已取得初步成效，特别是在北、上、广、深等经济发达城市。同时，中美达成第一阶段经贸协议缓和了紧张的国际经贸关系，也提振了投资者信心。

### 经济增长的势头

中国正处于工业化中后期和城镇化中期，经济发展的历史纵深仍然广阔。受全球经济增长减缓影响，中国经济增速有所下滑，但经济增长的稳定性仍然是很好的。2020年的新冠肺炎疫情，拖累全球经济，但中国2020年GDP仍突破100万亿元，同比增长2.3%。分季度看，一季度同比下降6.8%，主要是受到疫情影响；二季度增长3.2%，三季度增长4.9%，四季度增长6.5%，可以看出，中国经济很快开始恢复。

经济普查的结果显示，2018年中国服务业占GDP的比重是52.2%，2019年又有所上升。服务业对经济增长的贡献率还要高一些，达到了59.4%，比第二产业高出22.6个百分点。我们看到，服务业等的增长在推动中国总体的经济增长，消费带来的经济增长持续性更好。2020年第三产业增加值达55.4万亿元，同比再增2.1%。同时，工业结构继续优化，在规模以上工业中，装备制造业、高新技术制造业的增速都明显快于规模以上工业总体增速；这两个板块占全部规模以上工业的比重分别达到32.5%和14.4%，反映出工业内部结构也在转型升级。

中国政府发布的经济数据显示，消费发挥主要拉动作用，2019年最终消费支出对经济增长的贡献率为57.8%，比资本形成总额的贡献率要高26.6个百分点；2020年的消费品零售总额接近40万亿元，网上零售额11.76万亿元，同比增长10.9%，最终消费支出超过55万亿元，占GDP的54.3%。高技术产业和社会领域投资较快增长。2019年，高新技术产业投资比上年增长17.3%，快于全部投资11.9个百分点；2020年高技术产业投资增长10.6%，快于全部投资7.7个百分点，其中高技术制造业和高技术服务业投资分别增长11.5%和9.1%。可以看出，消费升级与高新技术产业投资成为推动经济增长的主要动力。

其他经济数据同样表现良好。2019年中国粮食总产量6.6亿吨，创下历史新高，是世界第一大产粮国；2020年全国粮食总产量6.7万吨，比上年增长0.9%，增产565万吨。2019年末高速铁路营业总里程达3.5万公里，在全球高铁里程中占比超过2/3；高速公路里程超过14万公里，居世界第一；电力装机容量接近20亿千瓦，居世界第一；互联网上网人数8.6亿人。

2019年，中国城镇新增就业1352万人，连续七年保持在1300万人以上，明显高于1100万人以上的预期目标，完成全年目标的122.9%；到了2020年，城镇新增就业1186万人，明显高于900万人以上的预期目标，完成全年目标的131.8%。2020年年均城镇调查失业率为5.6%。

在对外贸易、引进境外投资方面，中国表现出逆势增长。2019年货物进出口总额比上年增长3.4%，出口增长5%，进口增长1.6%，货物贸易顺差比上年扩大25.4%；2020年货物进出口总额达32.16万亿元，比上年增长1.9%。其中，出口17.93万亿元，增长4.0%；进口14.22万亿元，下降0.7%。进出口相抵，顺差为37096亿元。机电产品出口增长6%，占出口总额的59.4%，比上年提高1.1个百分点。

## 资本市场国际化

证券市场的交易遵循着市场供需的基本经济规律。在股市可供买卖的股票数量不变的情况下，卖股票的人越少，买股票的人越多，股票价格就会出现上涨；同理，中国股市也存在这样的规律，一般在股市下跌一定幅度和时间以后，如果有新进入股市的资金并且量很大，可以想见上涨是必然的。

中国股市的国际化一直引人关注，不仅有国内的投资者，也有国外的投资者，但由于人民币还不能自由地兑换，因此中国股市的对外资开放仍处在稳步推进的状态。2018年，中国股市对外开放的步伐加快，A股先后纳入MSCI、富时罗素、标普道琼斯三大国际指数，"沪伦通"上线在即，这些均有利于获得更多海外投资者的认可。2019

年，中国金融业进入"全面"对外开放阶段。中国政府取消合格境外机构投资者（QFII）和人民币合格境外机构投资者（RQFII）投资额度限制。今后，具备相应资格的境外机构投资者，只需进行登记，即可自主汇入资金，开展符合规定的证券投资。

其实，大多数新兴市场国家资本市场对外开放都是逐步推进的。首先，通过境内公司在海外发行收益凭证或ETF基金（交易型开放式指数基金），使外资能投资于本地市场；其次，在这些国家货币未能自由兑换时，通过QFII制度引入外资（往往有额度、持股比例等的限制），然后逐步放开外资持股比例，实现全面开放。

以韩国股市的国际化为例。1992年韩国引进QFII制度，外资的持股比例限制为10%；随后正式向外国投资者开放了直接投资，MSCI将韩国股市按20%的比例纳入，并在1996年提高到50%；1994年将外国投资者持股比例提高到12%；1995年，韩国证券交易所允许外国公司从1996年起发行股票及债券并可在该交易所挂牌；1996年取消对外资直接投资范围的限制，外资持股比例限制提高到20%；1998年完全取消证券市场投资比例限制，韩国股市按100%纳入MSCI。至此，韩国股市完全对外开放。

据了解，1998年，韩国股市投资者成交占比从大到小依次为：个人（77%）、机构（12%）、外资（7%）。投资者以散户居多，投资操作上表现为"追涨杀跌"的特征，股市市盈率与换手率较高。韩国股市1998年市盈率达到27.8倍，换手率高达274.8%。

1998年后，韩国股市上的外资力量迅速扩大，机构投资者逐渐增多。至2018年，韩国股市投资者成交占比从大到小依次为：个人

（51%）、外资（27%）、机构（21%），相比1998年占比分别下降26个百分点、上升20个百分点、上升9个百分点。

由此可见，韩国股市完全开放以来，外资占比快速提升，成为韩国股市最大的增量资金。外资成交占比由2000年的9%，提升至2012年的超过30%，成为韩国股市中仅次于散户的最大投资者。

同样的事情也会在中国股市发生。2020年起外资机构开始大量进入中国股市。之前外资对A股的配置比例偏低，全球资本对中国股票的配置只占2.5%，这与中国GDP在全球的占比完全无法匹配。在外资开始配置中国资产的时候，中国股市也在逐步完善基础制度，推出像沪深300股指期权等衍生品，这势必进一步提高外资投资A股的比重。

另外，2020年全球利率水平持续下行，负利率债券规模已超14万亿美元，导致能够持续带来正现金流的资产成为稀缺品；同时，基本面恶化导致以美股为代表的发达市场涨势趋缓甚至回落，大量的华尔街资产需要寻求更优质的投资标的。新兴市场国家特别是中国的内生增长动力十足，将被长期看好。

当然，以上分析是从驱动中国股市走向牛市的主要方面着眼，未来中国股市是否能迎来超级牛市仍然有许多不确定因素。不管怎样，详细了解股票市场是一方面，更重要的是认真研究上市公司，这才是正确的投资方式，毕竟你投资的不是整个股市。

除非你知道自己在做什么，不然就不要去投资。不要轻信别人的观点，包括我在内。我一直在寻找投资中国的机会，如果有好的股票我当然会买，但不意味着我每天都能找到。绝佳的投资机会是难得一遇的，比起股票价格，我更关注的是一家公司未来五年的发展。我正在观察。

# 5

## 大众的理财工具

FINANCIAL TOOLS FOR AVERAGE PEOPLE

随着中国的快速发展，人民生活水平的提高，越来越多的人进入投资理财的圈子里。尤其近几年随着互联网的发展，人们获取信息变得快速且容易，各种投资理财的方式愈发受到追捧。罗杰斯作为长期从事投资的国际著名投资家，对于大众理财有哪些建议？大众的投资理财途径都有哪些，该如何选择？不具有专业投资知识和经验的投资者，如果要参与股票市场这种高风险的投资，有什么方法？黄金在家庭投资配比中应该有多少呢？

## 如何选择理财产品

投资理财是现代人的说法。只有大家变得越来越富裕，能够从日常生活中节省下更多闲钱的时候，才会有投资理财的想法。不过，不是每个人都能积累下数额可观的存款，也有一些人就是不喜欢储蓄，他们更愿意消费，甚至借钱消费，只要没有超出自己的承受能力，这当然没有问题。每个人都有选择的权利，但就我个人而言，我更喜欢储蓄。

当然，我知道，大部分中国人比较节俭，喜欢存钱，这样的习惯很好。但近年来，中国人在变得更富裕的同时，储蓄的意愿却降低了。据我了解，2008年中国储蓄占GDP的比重还在50%左右，到了2019年降低到45%左右，不过仍高于世界平均水平，超过美国、印度等国家。

中国人未来的储蓄意愿，仍然存在持续走低的趋势。为什么会这样呢？我发现，随着社会和经济的发展，人们存钱越来越少的原因是他们对未来经济的增长和投资的预期更有信心，更愿意享受当下的消费乐趣或让投资带来更多的财富。五十年前，日本国民的存款率非常高，但现在情况就不是这样了。历史事实表明，发展中国家的人往往会比发达国家的人，拥有更高的存钱意愿。

> **中国赛道**
> 投资大师罗杰斯谈中国未来趋势 >>

与五十年前相比，中国经济确实变得更加繁荣了。经济开始增长的时候，会促使人们有赚更多钱的冲动，或许还会通过借债来加速这个过程。二十多年前，中国没有任何负债，现在有了，并且金额还在不断增加。如果经济开始变得不景气，人们就要开始还债，可能还会出现还不起债的情况，最终一定会有人为此付出代价。

随着科技的进步和国家经济规模的增长，人们可以买到任何想要的商品。自己的生活越来越舒服，而不断追求更好生活的欲望加速了经济繁荣与扩张的正向循环，同时也促使政府不断地印钞票来促进经济的增长。当银行发行的钞票过多时，大家手中的现金和存款就开始贬值，用同样数目的钱，能买到的东西越来越少，这就是经济学所说的通货膨胀，是现代社会的一种经济现象。

因此，中国人都需要了解，如何能够让自己的储蓄变成很棒的投资，在最大限度地保护自己资产价值的同时不断增值；在未来，如何让自己手里的钱仍能购买与以前一样多的东西，甚至更多。这就是"投资理财"这个名词的由来。

投资理财的途径很多，自己开店做生意、投资商品期货、买卖股票都是。如果觉得风险太高，也可以投资买房，不过就北京、上海等城市的房价来说，似乎投资赚大钱的可能性不高，我宁愿去新疆等房价不高的地方买。

既然一怕做生意风险太高，自己又不擅长，二又觉得股票、商品期货等投资涉及的知识太多、太专业，自己对这些专业知识没有兴趣，也实在没办法完全掌握，那么，你可以让专业的投资人士或公司来帮你，你只要支付一笔费用就行。不过，我要提醒你的是，专业投资人

> 大众的理财工具

FINANCIAL TOOLS FOR AVERAGE PEOPLE

士帮你的时候，也不一定就万无一失，只是由于比你懂得更多或更有投资经验，造成的损失可能会小很多，赚钱的概率比你更高些而已；所以这些专业投资人士提供的投资理财产品说明书上，都有一个风险提示需要你签字确认，表示你已知晓投资有可能带来的本金损失。这一点我必须提醒。

目前，常见的投资理财产品有股票、债券、商品、指数类基金等。这些基金由专业基金公司管理，投资项目包括股票、黄金、原油、债券等标的，也有的基金是这些投资标的按一定比例的混合，比如30%资金投资股票，70%资金投资债券，这样配比的原因是股票与债券相比风险更高，但收益也更高，通过配比，能够在减小风险的情况下，尽量增大收益。

基金就是大家把钱集中在一起，由基金公司专业的基金经理统一管理这笔资金。基金是专业机构帮助你投资，当出现投资亏损的时候由个人承担损失，同时投资者要支付管理费给基金管理公司。

中国基金业在改革开放后开始发展，距今也有三十年了。截至2020年10月，中国基金市场上已有7682只公募基金。基金产品一般按照投资标的不同分为指数型、债券型、股票型、货币型以及混合型基金等，不同类型的基金投资标的不同，风险等级也不同。

比如股票型基金，主要是研究与投资股票，而股票代表的公司经营风险有时挺大，有可能经营不善、破产退市，投资这类基金的风险自然是非常大的。如果你不慎买到了亏损严重的基金，损失也许是你无法承受的。

债券型基金主要集中投资于债券。债券大家可能都知道，借债是需要保本和支付利息的，因此这类基金投资风险比股票型基金小许多。当然，它的收益也会比股票型基金低很多。所以普通家庭一定要视自己的财务状况和能承受的风险，来决定购买哪一类基金以及投资的金额。货币型的基金风险相对来说就更小，收益也更低。

其实，理财产品的细分种类相当多，按投资标的不同是一种分类法，按理财产品收益与风险特点，又可分为固定收益类、保本浮动收益类、非保本浮动收益类三大类产品。

其中，固定收益类的理财产品比较简单，一般指定期存款、国债这类产品，风险不高但收益很低，会定期支付利息；保本浮动收益类产品则是承诺不会亏损本金，当发生损失时，有担保机构会补齐亏损，比如购买的公司债券因经济不景气，出现到期没钱支付利息的情况时，由担保机构支付，因此称为"保本"。这类产品虽然收益略高于固定收益类产品，但不排除出现公司无法偿付利息的风险，从而令投资者毫无收益；非保本浮动收益类理财产品，需要承担的风险较大，有可能因投资公司管理不善出现亏损本金的情况；如果投资公司操作得当，获利也是这三类产品中最高的，并且收益的上限不封顶。

明白了投资理财产品的大致类别后，你在购买这些产品时就可以识别它们，然后比较风险与收益的情况。一般来说，大家都是在承担同样风险的产品中选择收益最高的来购买，比如同样是保本的基金，哪家公司的基金或哪位基金经理操作得最好，就买哪家的。

不过，比较基金收益的时候，尽量选择一个比较长的时间段，看收益波动的大小和多年来平均收益的高低。通常，能够长期保持高收益的基金是难得一见的，因此，如果一家基金的收益在最近三到五年都是同行业最高的，那么接下来往往会出现一段低收益的时间。

以前，我就是因为在华尔街参与管理量子基金时业绩连续多年超过同行而被大家热捧，但我们管理的是对冲基金，属于非保本浮动收益类的高风险产品。我们保持了很长时间的增长，自从我离开后，也出现了收益下降的情况。很遗憾，我现在不干投资基金这行了，我只是在管理自己的资产，因为我喜欢自由自在，喜欢环游世界。

## 负利率时代

在美国，人们大多在证券公司的经纪人那里购买基金等理财产品。据了解，在中国购买这类投资理财产品，一般是在自己账户所在的银行购买。这也容易理解：中国人喜欢存钱，对银行的信任度更高一些，并且银行的网点分布很广；如果你有证券投资账户的话，现在同样可以在其中购买基金产品。

近年来，随着互联网的发展，网上卖基金的机构也在逐渐增加，在大多数基金公司的网站上也可以购买。因此，只要你按照上述分类，考察基金的投资标的与往年的业绩，就可以在网上自己买卖了。由于基金属于金融产品，在销售的时候还需要取得政府批准，如果你不确定要买的基金是否合法，你可以到政府的相关网站上去查询。

通常，银行存款属于固定利率的理财产品，由于风险较低，能够随时取用，所以利率很低。比如中国一年期的银行定期存款的利率约为1.75%，而理财产品的收益好的话能达到5%，因此，如果存款在短时间内不会被使用的话，大家都用它购买基金之类的理财产品。可是，从2018年开始，中国的理财产品的收益率也开始逐级走低。

之所以会这样，是因为全球经济持续走低，甚至一些主要经济体的银行利率为负，也就是存款在银行还得支付保管费。2019年8月，丹麦第三大银行——日德兰银行推出了世界首例负利率按揭贷款，房贷利率为-0.5%；2020年4月29日，德国德意志银行（德银）计划对个人储户实行负利率，自5月18日起，存款超过10万欧元的新开个人结算账户或活期存款账户，将收取0.5%的托管费。要知道，德银是德国最大的商业银行。

负利率的实施，主要是为了让大家不要存钱而去花钱，或者进行投资，以此来拉动经济增长，但究竟效果如何，有待考证。历年来股市的上涨似乎与低利率相关，更多的资金涌入股市购买盈利状况良好的公司的股票，因为好公司的分红都高过利率，这也催生出持续上涨的超级牛市。

在全球经济增长放缓的背景下，负利率只会让优质的资产价格更高，这也是我不断到新兴市场国家和发展中国家寻找机会的原因。目前来看，即使理财收益率正在逐级走低，中国的资产仍是全球收益较好的，因此股票基金应该还能创造更优秀的业绩。

同时，全球诸多央行降息后，造成中国与国外主要经济体，如美国、欧盟、日本等的债券利差增大，海外机构投资者纷纷配置中国债券。目前人民币债券十年期的利率水平在3%左右，而美元债券在1%左右。因此，外资进入中国购买债券就会推高价格，投资债券型基金的收益或能得到提高。

不管怎么说，你如果想轻松理财，并且不想冒更多风险，那么对收益水平要求过高是不理性的。通常，收益率超过6%的理财产品你就要提高警惕，超过8%的时候可能就很危险，当达到10%以上时，风险就很大了。

如果你完全不愿意承担风险带来的损失，购买银行定期存款类的产品，或直接买国债均是不错的选择。如果预计未来利率还会下降，购买更长期限的国债、存更长期限的银行定期存款是收益较高、风险较低的选择，但这样的话就不能随时取用了。

当然，除了购买基金或国债、存款外，在经济增长放缓的大背景下，购买黄金基金或自己持有黄金也是一个不错的选择，因为黄金被认为是一种避险资产，在经济出现问题的时候，各国的央行也会在国际市场上购买，从而带来黄金价格的上涨。但还是那句老话，你一定要投资你了解和熟悉的领域，如果实在不知道该投资什么，那就暂时把钱放在银行里。

## ETF基金

家庭或个人投资理财容易出现的一个现象就是，喜欢跟着自己认识的人一起买，或者听说谁买什么理财产品赚了很多钱，然后就不管自己是否了解这款产品——风险有多大、是否保本等，就跟着一起买。看了我之前的回答，你们肯定会知道，这是一种风险很高的做法。

其实，投资理财产品也需要你去做一些必要的了解，跟风操作也许省心，但盲目地去投资问题还是挺多的。就像生活中在购买任何用品的时候，你或许都要把类似的商品比较一下，那么，怎么可以在投资理财这样需要投入大额资金的事情上，完全没有了解，没有风险意识呢？

如果你在选择基金的时候，仍然没法对种类繁多的基金做出区分，建议购买ETF，如果有你所从事行业的指数基金，鉴于对行业情况有更多了解，你赚钱的概率就更大了。

ETF的投资标的既不是股票、债券，也不是黄金、石油等商品期货，而是全球股市的主要指数，比如中国股市的沪深300指数、美国标普500指数、日经225指数等。同时，也可以是某一行业的指数，比如医药行业指数、航空业指数、通信业指数等，或者也可以是具有某一共同特征的一揽子股票的指数，比如蓝筹股指数、5G指数等。

全世界证券交易所为了方便投资者，大多会推出具有投资价值的ETF，而投资者通过购买ETF来分享股市、黄金等价格波动带来的收益。当你从媒体得知最近股市大涨的时候，你就会知道你购买的追踪股市指数的ETF在赚钱了；如果最近黄金涨幅凶猛，你就会知道黄金ETF赚到钱了。

基金管理公司在设立特定的股票指数基金的时候，形成的指数是由许多只与指数基金投资标的相关的股票构成的。当相关股票价格波动的时候，指数就会相应地同向波动。大多数股票上涨时，指数也会上涨，这样指数基金就能赚到钱了；反之，指数下跌时，指数基金也会亏钱。所以，股市在某些年份一蹶不振的时候，指数基金就是亏钱的。但随着持有时间的增加，总体来说，指数基金的长期投资收益比很多专业投资机构要高。因此，尽量长期地持有指数基金是必要的。

跟踪"标的指数"变化的特点，使ETF具有不少优点。股市的涨跌预测是难言准确的，这是许多专业投资者公认的事，而购买指数基金就没有必要担心在股市上涨时错失机会，因为指数基金会始终保持与股市指数的同步。另外，由于指数基金采取的是被动跟踪指数的投资策略，不用聘请更多基金管理人来研究投资标的，管理费自然比其他基金更便宜。同时，指数基金的赎回也很方便快速，不影响短期使用资金。

如果你还想将ETF的投资做得更好些的话，也有窍门。ETF是跟踪指数的，当股市下跌的时候ETF会出现亏损，当基金的净值下跌后，你买入的价格就会比此前更便宜，这样会降低持仓成本，增大总体的收益。当然，指数下跌后可能会继续下跌，因此可以利用这个规律，分时段或是等到出现大跌的时候去购买ETF并长期持有，那么最终你将比其他人赚得更多。

另外，可以对全球ETF进行分散投资，不一定只在自己熟悉的行业领域投入全部的资金。利用各国股市指数不同的涨跌规律，在指数处于低位的国家使用一部分资金购买，卖出处于高位的国家的指数基金，这也是一种比较好的配置资金、增大收益的方法。

中国内地跨境ETF数量不多，整体规模较小，主要投资方向为中国香港、美国市场。截至2019年底，中国内地大概有10只跨境投资的ETF，投资中国香港市场的资金规模占比最多。其中，3只是跟踪日经225指数，2只是跟踪美国纳斯达克100指数，其他跟踪标普500、德国DAX、东证指数，参与的投资者似乎不多，每只基金的总规模在10

亿元左右。

不过，近年来，中国ETF规模增长较快，增长的主要是股票型ETF，截至2020年末，对一般投资者发售的ETF共有股票等权益类ETF 200多只，管理资金规模约7600亿元。虽然都是跟踪指数的涨跌，但指数下的资产是不同的，因此ETF仍可被划分为股票型、债券型、商品型、货币型等。

我了解到，中国是在2003年发行首只全复制指数型基金的，到现在中国的公募指数型基金已经发展近二十年了。我之所以对2003年记忆如此清晰，是因为我的第一个孩子正是出生于2003年。早期开始设立ETF的时候，大多是以能够代表整个股市的指数为主，指数包含的股票都是优质龙头上市公司。

比如沪深300指数由上海和深圳证券交易所中市值最大、流动性最好的300只股票以流通市值加权编制而成。根据中证指数公司数据，沪深300指数成分股总市值对A股全部上市公司总市值的覆盖率在60%左右，能较好地反映A股市场的整体波动和走势。

债券型、商品型ETF在中国的发行数量及规模较小。近两年来，股票等权益类的ETF发行增长较快，跟踪热门行业与市场主题的ETF不断推出，标的指数越来越丰富，涉及医疗、消费、5G、芯片、新能源汽车等指数。

与中国ETF市场相比，美国ETF市场规模与完善程度在全球市场一直领先。近十年来，在美国股市指数持续走牛的背景下，投资者热衷于指数基金，叠加ETF低费率优势，指数基金发行规模增长迅猛。

资料显示，截至2018年底，全球范围内共有6354只ETF产品，总规模为4.8万亿美元，较上年增长5%。其中美国ETF规模为3.4万亿美元，占全球总规模的71%，为全球第一大ETF市场。

如今，美国证券市场上已经有超过400种指数型基金，并且每年还在以很快的速度增长，指数范围涵盖权益指数型、行业指数型、国际指数型、债券指数型，另外又延伸出成长型、杠杆型和反向指数型基金等。

与美国ETF市场的规模相比，中国的ETF基金约为万亿人民币的规模，属于早期发展阶段，未来前景应该相当广阔，毕竟中国人的投资需求还没完全释放出来。当中国成为世界中心的时候，中国的ETF市场应该是能超过美国的。

关于指数基金聊了这么多，最后，还是要提醒一句，投资指数基金一定要长期持有，因为短期市场的涨跌是变幻无常的，并不能够发挥出ETF的优势，也就是说三到五年的时间段里，单纯的股票型基金的投资回报完全有可能超过ETF。

## 买黄金是最好的投资吗

2020年8月，国际金价突破2000美元/盎司，创下历史纪录，之后有所回落。

在新冠肺炎疫情肆虐全球的背景下，认为金价仍将上涨的看多情绪浓厚。"金甲虫"不断涌现，活跃在黄金市场。"金甲虫"是一群相信黄金是唯一具有永恒货币价值的投资人,并且认为金价随时可能暴涨。他们买入黄金并持有,以应对未来可能出现的全球经济大衰退、股市崩盘等难以预料的超级风险。

2019年,贸易摩擦、地缘政治风险集聚,金融市场波动加大,全球经济增速明显放缓,各国政府和"金甲虫"纷纷选择黄金资产避险,黄金价格不断飙涨。2019年12月末,纽约商品交易所黄金期货价格比2018年末上涨大约18%。

2020年,一场突如其来的疫情更使全球经济受到严重影响,经济衰退是显而易见的,在以消费服务业为主的美国,遇上疫情,失业人数更是日渐攀升,到4月下旬,美国首次申领失业救济金累计人数约2600万人。

和投资股票不同,黄金作为家庭或者个人资产配置的一部分,是考虑到通货膨胀的因素和资产配置的合理化。自公元560年到1971年布雷顿森林体系开始瓦解之前,全球的国家都在使用黄金作为单一或者其中一种货币,直至现在,黄金仍然在各国的国际储备中占有一席之地,它是一种兼具多种属性的特殊商品。2020年由于疫情的影响,全球都需要从低迷的经济中走出,因此货币大量超发,市场的钱总要有出处,因此商品的价格也水涨船高。作为抵御通胀和平衡的手段,可以拥有一部分黄金。一般来说,在出现通胀与货币超发时,可以考虑介入或增大配置黄金资产,反之则考虑抛售或减仓。当然,还有白银,我也不止一次在公开场合说过,我看好白银。

作为投资理财的选择之一,通过指数基金投资黄金也许是一个好主意,毕竟从2015年开始,黄金价格一直处于上涨当中。黄金ETF是

> 大众的理财工具 **5**
FINANCIAL TOOLS FOR AVERAGE PEOPLE

主要以黄金为投资标的的一种指数基金，追踪现货黄金价格波动，投资门槛低，管理费用低，透明度高，流动性也强，很适合普通投资者。

全球疫情以及低利率对金价存在正面影响，大家都认为这是增持黄金的好时机。中国交易所也有黄金ETF，近期多家基金公司也在借势发行更多黄金ETF。现有的几只黄金ETF和2019年同期相比，涨幅也在35%以上。与糟糕的股市相比，在目前的经济环境下，选择黄金ETF相对风险小了许多，在黄金牛市赚钱的概率更大。

不过，像"金甲虫"那样不断地购买并持有黄金，并不是很棒的想法。至少对我来说，并不会对黄金如此迷恋。稍微了解一下人类社会的货币发展史，就会知道，黄金并不是唯一被当成等价交换物的货币，人们交易时还曾使用白银、铜、贝壳等作为货币，直到纸币成为目前各国使用的法定货币。

黄金由于本身具有的贵金属特点，拥有良好的导热导电性、极度稳定的抗腐蚀性、可延展性等物理特性，更多地被用在金银首饰制作和医疗、通信、宇航等领域。而黄金储量的稀缺性，使其出现在各国央行储备中，但它已丧失货币功能，只是作为一种金融资产。

因此，黄金并不是我的最爱。我和我的宝贝女儿们都拥有一些黄金，但就像一个国家的金融资产一样，黄金对我们来说，只是一个保险策略，作为应对这个世界超级风险的一种储备，并没有占全部资产的很大比例，黄金在我的罗杰斯国际商品指数里的比重也只有3%而已。

此前，我就认为，黄金与其他资产相比，没什么特别的。如果在

> **中国赛道**
> 投资大师罗杰斯谈中国未来趋势 >>

20世纪70年代，在纽约、波士顿或者洛杉矶购买了一栋房子，到2000年后，你的原始投资可能已升值了20倍；同期，标准普尔500指数上升超过3000%（包括股息再投资），而当时金价平均384美元/盎司。在中国也是一样的，二十年前，你在北京、上海拥有一套住房，到现在也有将近10倍的回报了，而黄金在这期间，如果你操作得好的话，也只能赚到5倍左右的利润。

通常，特定经济周期、通货膨胀、负利率以及全球疫情等事件会刺激金价上升，"金甲虫"会乘势买进，推动价格创下新高，似乎世界已经恐慌，把黄金当成最后的保值手段。其实，明智的投资者并不会因为全球的恐慌而买入黄金，持有一些黄金只是一个保险策略，世界各国很多人都是这样做的。我曾预言："金价有一天会再次上涨，但要基于供应和需求，而不是希望和神秘主义。"这个预言不会改变。

如果从市场供给与需求的角度来看，全世界生产黄金的资源国有80多个，世界黄金协会2019年的统计显示，全球探明的可开采黄金储量大约有5.4万吨，储量排在第一位的是南非，其次是中国。2019年中国探测到的黄金储量为1.4万吨，居全球第二位，并且中国已经连续十三年成为全球最大的黄金生产国了。

除了南非和中国，其他主要的黄金资源国还有澳大利亚、俄罗斯、美国、巴西、加拿大、秘鲁、加纳和乌兹别克斯坦。历史上，已经开采出来的黄金总共有约20万吨，有三分之二是1950年后开采的。到今天，人们对黄金的利用大部分仍是用于黄金饰品消费。

黄金的消费需求主要有以下几方面：首饰业、电子业、牙科、金币、金章和仿金币等。一般来说，世界经济的发展速度决定了黄金的

> 大众的理财工具

FINANCIAL TOOLS FOR AVERAGE PEOPLE

工业总需求，尽管科技的进步使得黄金的替代品不断出现，但随着生活水平的持续改善，人们对黄金饰品、摆件等的需求仍会增加。因此，近年来，黄金需求量仍呈上升趋势。特别是中国和印度，具有黄金消费的传统和习惯，这两个大国的经济快速发展，人们对于黄金的需求量也在上升。

其实，黄金价格的涨跌并不只是某一个因素决定的，所以在判断黄金价格走势的时候，并不能准确预测。特别是2019年以来，黄金价格整体处于上升通道，而在全球经济衰退、负利率时代出现，以及中国等发展中国家经济持续增长的背景下，黄金需求增长加速。

要做出判断并不容易，但我认为，目前金价的上升趋势明显。从上述的黄金供给与需求所涉及的关系中，可以看出，对于黄金的投资，首先，我们不能期望国际黄金价格会涨到天上去，毕竟黄金的首饰、电子工业等实际行业的消费需求，不会无限制增长出现；其次，能够生产黄金的国家有不少，影响各国政治、国际市场的因素众多，很难预测对市场的供给会产生多大的影响。如此众多的不确定性，要对黄金价格的走势做出准确的预测是不可能的。我只能说，从市场目前的状况看，是处于上涨的趋势中。回顾20世纪60年代晚期，黄金是35美元/盎司；1980年金价创出850美元/盎司的历史纪录，又在2008年冲上1000美元/盎司；2011年金价又创历史纪录，达到1923美元/盎司，2015年跌到1046美元/盎司的位置，现在则再次创造历史纪录。

但是，回顾历史，我们可以发现，黄金的价格并非一直上涨，也会有剧烈的波动。

1971年，美国布雷顿森林体系开始瓦解，美元与金本位脱钩，允许金价自由浮动。1976年国际货币基金组织（IMF）通过《牙买加协议》，明确了黄金的非货币化，废除黄金官价，不再作为货币定值的标准，放开市场，允许自由买卖黄金。

随着黄金需求的增加，其价格开始上涨，从1971年开始，黄金价格由金本位时期的35美元/盎司，涨到1975年1月的180美元/盎司，再到1980年1月的850美元/盎司，这中间世界经历了两次石油危机，在这十年的时间里金价的涨幅令人惊叹。人是趋利的，从1980年开始，世界上的黄金生产在加速，黄金的供应每年都在增加，价格一直起起伏伏。

从1980年到1999年，黄金市场遇到了长达二十年的熊市，特别是1980年1月到1985年3月这五年的时间里，价格从850美元/盎司的顶峰跌至298美元/盎司。黄金再神秘贵重，仍然会受到市场供需关系的影响，黄金的价值缩水了。自由市场就是这样，国际大环境下各种因素的叠加，任何投资品从来不可能有稳定的价格。

随后的十年（从2000年到2011年9月），看看世界经历了什么？欧元诞生，始于2000年的互联网泡沫崩盘，美国遭遇911袭击，伊拉克战争爆发，美国经济衰退，美元持续性疲软，投资者的目光再次落在黄金上。而在地球的另一边，中国经济开始变得灼热。2003年，中国完全放开黄金市场，允许私人买卖黄金。日本由于修改了银行存款担保制度，日本人对黄金的需求也开始增长，全球黄金迎来牛市。2011年9月黄金价格曾一度冲到最高价位1923美元/盎司。之后，黄金再次走下坡路，一直持续到2015年。

从上述过程看，20世纪70年代以前，世界黄金价格比较稳定。之

> 大众的理财工具
FINANCIAL TOOLS FOR AVERAGE PEOPLE

后，黄金价格开始出现市场化波动，且幅度较大。其主要原因是布雷顿森林体系的解体，黄金价格回归市场正常的供需变化。

实际上，只要存在自由交易的市场，就没有稳定的价格。如果投资者忽略了供应与需求关系，将难以防范市场带来的风险。只是很少有商品像黄金那样，容易受到感情和其他的心理因素影响，当我们了解了黄金的历史，以及价格涨跌背后的线索后，便可以更好地把控风险。但历史显示，黄金并不是最好的投资选择。

# 6

## 中国农业的巨大前景

THE GREAT PROSPECTS FOR
CHINA'S AGRICULTURE

中国农业发轫于新石器时代，中国的黄河、长江流域，是世界农业发源地之一。中国农业曾经有过许多领先于世界的发明创造，但在历史长河中也经历了漫长的发展停滞期。现如今，在知识、经济、科技大发展的背景下，农业也在发生颠覆性的变革。罗杰斯本人一直在深度关注全球的农业发展，特别是中国的农业发展。他一直强调投资农业的价值所在。那么在农业投资方面，我们具体需要关注什么？农产品涉及的品类不少，对于具体的细分领域，罗杰斯本人是否有某些侧重？在他眼中，未来的中国农业会走向何方？

## 寻找农业的投资机会

中国一直是全球最重要的农业大国之一。早在三十多年前，我第一次来到中国时，就对中国的乡村留有深刻印象，那里的人们勤劳、亲切，这是我热爱中国的重要原因之一。我记得那次我是在夏天来到中国，天气很热我想买个西瓜，不料那些热情的村民直接送给我三个大西瓜，要知道三十多年前他们真的没什么钱。我非常希望他们能富裕起来，在农业领域赚到钱。

农产品是人们生存所必需的，也是很多美味食品的原料，每个人在日常生活中都会经常购买和消费农产品，而对一个繁荣的社会来说，它们的价格大多也是能接受或能负担的，但你是否想过，购买这些农产品、美味食品的价格又是怎样形成的呢？

其实，商品期货交易所交易的农产品价格是形成日常终端消费价格的主要参考指标。为什么这样说呢？因为参与期货交易的农产品，都是数量极大且需要满足一定品质要求的，它们在数量上占据了整个市场需求的大部分，自然也就对日常消费价格的形成产生很大的影响。当然，没有进入期货交易所交易的同类农产品也不少，只是对终端消费价格的影响稍弱一些。不管怎样，这些初级农产品都会因气候、生产数量、日常消费量等条件变化而出现价格上涨或下跌。

> **中国赛道**
投资大师罗杰斯谈中国未来趋势 >>

早期的农产品交易大多是当季生产,当季销售,收割季节供给的急剧增加或不足,往往使农产品价格波动极大,不利于大规模的生产。随着现代社会不断演进,为了使大宗交易的农产品等自然资源得到更高效的利用,满足更多人的需要,也为了使整个经济秩序更加稳定,产生了期货交易所这样的交易场所。除了数量极大、品类较多的农产品外,期货交易所还交易工业原料与贵金属,以及金融产品。

在期货交易所购买的农产品,通过当地市场,再经过一层层的批发商、经销商,直至最终的销售终端,才与消费者见面。全世界商品交易所并非只有一家,由于地域和国家的不同,不同交易所的主要交易品类和交易量大小也会有所不同。

通常,根据交易所的交易量大小可以评判一个交易所的服务好坏与参与者的多少。按照交易量大小来看,目前全球主要的期货交易所包括:芝加哥商业交易所(CME)、印度国家证券交易所(NSE)、美国洲际交易所(ICE)、芝加哥期权交易所(CBOE)、巴西交易所(B3)、莫斯科交易所(Moscow Exchange)、上海期货交易所(SHEF)、大连商品交易所(DCE)、韩国交易所(KRX)等。

近年来,期货交易品类中,全球交易量较大的是利率期货、股指期货、外汇期货等金融期货,其次是能源、金属等工业制造的要素,农产品的交易量不超过总交易量的10%。

尽管中国并未允许外国投资者进入农产品期货市场,中国市场却是全球农产品期货交易的主导者,其中大连商品交易所的豆粕期货品种是全球成交量最大的,大豆也是中国进口最多的农产品。大连商品交易所的铁矿石期货市场也已发展成为全球最大。2018年5月,铁矿

> 中国农业的巨大前景

THE GREAT PROSPECTS FOR CHINA'S AGRICULTURE

石作为特定品种期货，正式引入境外交易者。

中国也意识到不应该限制外国人参与期货投资，对外开放的进程正在加快，原油、铁矿石和PTA（精对苯二甲酸，纺织与化工等产业的原料）等大宗商品期货交易已经允许境外交易者参与，境外交易者投资这些商品期货，可以使用人民币或美元等作为保证金。我相信中国的期货市场最终都会向外国人开放。一旦政策放开，中国在大宗商品交易上就会居世界领先地位。现在已经有很大的交易量，如果外国人都能参与，交易量将更加庞大。

我在《热门商品投资》一书中详细讲解过：参与商品期货市场的交易来赚取收益是投资领域的一个重要门类，与股票、债券、房地产等投资方式不同的是，买卖交易的是格式化商品期货合约，合约上标明了商品种类、价格、交货条件、日期等；同时，期货市场价格波动的本质就是期货合约交易商品的供给与需求关系，如商品供给过多，价格就下跌，需求、购买的人太多，价格就将上涨。

近年来，我经常提到投资中国农业。当然，农业投资不是说去买一个农场（在中国这是不允许的，你只能租赁一个农场来经营），而是在农产品市场的供给与需求关系中，去寻找投资机会。这不仅包括农产品生产供给和消费需求之间的机会，还包括整个农业产业链上，为农产品生产提供辅助产品产生的投资机会。不过，我不擅长做实业方面的投资，主要还是在期货市场与股票市场寻找投资机会。

中国、澳大利亚、美国、巴西、阿根廷和俄罗斯等国此前一直是农业大国，现在也是如此。但如果让我选择的话，中国也许是世界范围内投资农业的最佳选择之一。因为美国农民的平均年龄是58岁，加拿大是66岁，年纪大的农民即将退出农业生产，而年轻人不愿从事农业生产。现在很多美国年轻人学公关、传媒等专业，而不是学农业，觉得农业不赚钱。这些现象恰恰符合我的投资思路。如果让我说，我觉得学习怎样开拖拉机是必要的，这在未来将大有可为。当然，如果你对学开拖拉机没兴趣，与农业相关的科技、教育、医疗等领域同样很好。

中国希望消除城乡经济的差距，让农民生活得更好，中国政府正在大力振兴乡村，而这就是投资的机遇期。

## 第一产业现状

在了解农业领域的知识之前，让我们先看看农业在整个国家经济中处于怎样的地位。一般来说，经济学家是按照三次产业分类法来划分的，第一产业农业、第二产业工业、第三产业服务业，这样分类更容易发现整个经济变化的规律，以便更好地利用规律把握未来经济发展的趋势。

一般而言，一个国家的经济中，以利用自然力为主，生产不必经过深度加工就可消费的产品或工业原料的部门称为第一产业。第一产业包括农业、林业、渔业、畜牧业和采集业，具体范围各国不尽相同，比如有的国家还包括采矿业。中国对第一产业的划分是种植业、林业、牧业、渔业，种植业在农业总产值中占比较大，约为60%。

说起投资中国农业，不能不了解中国农业经济的状况。中国正在走向世界，在农业发展上采取的是稳健发展策略，如2019年10月发布

## > 中国农业的巨大前景

的《中国的粮食安全》白皮书中提到"确保谷物基本自给、口粮绝对安全"的新粮食安全观,确立了"以我为主、立足国内、确保产能、适度进口、科技支撑"的国家粮食安全战略,这是一条具有中国特色的粮食安全之路。

我认为中国的农业战略是正确和务实的。毕竟,2018年全球尚有8亿左右的饥饿人口,而中国人口约占全世界总人口的20%,解决了中国人的粮食问题,也就为全世界的粮食安全做出了重要贡献。

《中国的粮食安全》白皮书显示,按中国现行农村贫困标准计算,2018年末,中国农村贫困人口数量为1660万人,较2012年末的9899万人减少了8239万人,贫困发生率由10.2%降至1.7%;较1978年末的7.7亿人,累计减贫7.5亿人。按世界银行每人每天1.9美元的国际贫困标准,中国对全球减贫的贡献率超过70%,是世界上减贫人口最多的国家,也是世界上率先完成联合国千年发展目标中减贫目标的国家。

七十多年来,中国依靠自身力量实现了由"吃不饱"到"吃得饱",并且"吃得好"的历史性转变,粮食产量约占世界的1/4。2020年,中国谷物产量6.17亿吨,同比增长0.5%,占粮食总产量的90%以上,比1996年的4.5亿吨增加1.67亿吨。目前,中国谷物自给率超过95%。2001—2018年年均进口的粮食总量中,大豆占比为75.4%,稻谷和小麦两大口粮品种合计占比不足6%。

"粮食""谷物"这两个词在中国是指种植业的农产品,主要包括水稻、小麦、玉米等。目前,中国粮食总产量持续上升,2010年突破5.5亿吨,2012年超过6亿吨,2015年达到6.6亿吨,此后连续四年稳定在6.5亿吨以上水平。粮食产量波动幅度基本稳定在合理区间,除少数年份外，一般保持在±6%的范围之内。

中国能有这样的发展，与农业科研与应用、管理效能的提升密不可分。其中，超级稻、矮败小麦、杂交玉米等高效育种技术体系基本建立，成功培育出数万个高产优质作物新品种新组合，实现了五六次大规模更新换代，优良品种大面积推广应用，基本实现主要粮食作物良种全覆盖。2017年，中国科学家袁隆平院士培育的超级杂交稻单产达到每亩1149千克，刷新了世界纪录。

融入世界市场的中国在确保自身粮食安全的前提下，严格按照加入世界贸易组织时的承诺，与世界分享中国巨大的粮食市场，取消了相关农产品进口配额和许可证等非关税措施，对小麦、玉米、大米实施进口关税配额管理，大幅度削减其他粮食品种的进口关税。2018年，进一步放宽农业领域外商投资准入限制，除中国稀有和特有的珍贵品种、转基因品种之外，将外商投资种业的限制范围缩减为小麦、玉米，取消农产品收购、批发的外商投资准入限制。

涉粮外资企业加工转化粮食数量、产品销售收入不断增加，2018年分别占到中国的14.5%和17%。外资企业进入中国粮食市场的广度、深度不断拓展，在食用植物油、粮食加工转化等领域的份额不断增加，并向粮食收购市场、批发零售和主食品供应等方面延伸。

同时，中国营商环境排名快速提升。营商环境是世界银行为了衡量各国企业运营的环境而设计的评价指标，具体包括公司运营过程中涉及的当地政务环境、市场环境、法治环境、人文环境等，评价指标最终排名越靠前，说明在该国做生意越顺利便捷。

> 中国农业的巨大前景 6
THE GREAT PROSPECTS FOR CHINA'S AGRICULTURE

根据世界银行2019年10月发布的《2020年营商环境报告》，中国的全球营商便利度排名继2018年大幅提升32位后，2019年又跃升15位，升至全球第31位。世界银行称，由于"大力推进改革议程"，中国连续两年跻身全球营商环境改善幅度最大的十大经济体。

## 养殖业的确定与不确定

现代农业生产已不是以前的大米、蔬菜、水果、牲畜等自然、自给的栽种养殖方式了，商品化、规模化生产涉及上下游产业众多环节，不仅有土地、气候与种植方式的基本要求，选种、育种、农机使用、防疫、市场销售与运输保障以及人员管理等一样也不能少。随着科学技术的发展，以及全球一体化市场的完善，农业的行业内竞争越来越集中在少数大型农业集团之间，没有一定的资金与技术积累是难以赚到钱的。

不过，如果没有农业耕作和养殖方面的技术和经验，我们也可以投资期货、股市中与农业相关的商品和股票。中国上海、深圳两地证券交易所上市农业股有近百只，按照证券监管行业划分的标准，这些上市公司的主业基本上覆盖了农、林、牧、渔以及相关配套行业；也有别的行业的上市公司或未上市的公司投资农业，但由于主业不是农业，没有包含在其中。

归属于A股农业板块的上市公司大多是农业相关领域的强势公司，已经在行业内积累了一定的知名度和竞争力，这与在A股市场IPO（首次公开募股）必须满足一定的规模与盈利等条件有关。截至2020

> **中国赛道**
> 投资大师罗杰斯谈中国未来趋势 >>

年2月,A股农业上市公司总市值超过万亿规模,达1.06万亿元。其中,牧原股份市值排名第一,达2205亿元,占到板块总市值的20%左右。

究其原因,与2018年出现的非洲猪瘟疫情有关。由于疫情造成生猪存栏量急剧下降,使中国猪肉供给与需求出现严重的不匹配,2019年猪肉市场价格出现暴涨,极大提升了相关生猪养殖企业的利润,也促使A股相关公司的股价暴涨,拉升农业板块整体市值。

中国首次发生非洲猪瘟疫情是在2018年8月3日,地点在中国辽宁省。疫情发生后,中国政府快速反应,启动Ⅱ级应急响应。

非洲猪瘟的首次发现不在中国,它已在世界上流行了近百年,但人类并没有找到有效的疫苗。非洲猪瘟具有早期发现难、预防难、潜伏期长等特点,并通过屠宰、长途调运、接触、餐厨剩余物饲喂等多种途径传播。为了防控非洲猪瘟,按照非洲猪瘟疫情应急预案和非洲猪瘟防治技术规范要求,中国各地采取了封锁、扑杀、消毒、无害化处理等疫情处置措施。

非洲猪瘟使消费者减少猪肉消费,市场需求下降导致2018年猪肉价格出现下跌。受此影响,猪肉生产相关企业盈利出现下滑。

以牧原股份为例,其2018年年报称,公司主要从事生猪养殖,占主营业务收入的95%。受生猪养殖周期和下半年非洲猪瘟的影响,生猪价格较2017年下降了19.70%。

同时,牧原股份公告称,2018年实现销售收入133.88亿元,同比增长33.32%,归属于母公司所有者的净利润5.20亿元,同比下降

78.01%。营收增长，利润却大幅下滑的主要原因是不断扩产生猪养殖，但销售价格却在下降。戏剧化的是时隔一年之后，2020年牧原股份发布的业绩预告却是截然相反的数据，较去年同期大涨超过10倍。

原来中国人的猪肉消费巨大，减少后的供应量完全不能满足持续的消费需求。非洲猪瘟疫情发生之前的2017年，生猪价格还处于波动周期的下降阶段，中小养殖户因人工与疫情防控成本逐年上升，正在逐步退出生猪养殖，加上2018年非洲猪瘟疫情使养殖风险增加，中小养殖户加速退出，使生猪供给与需求的差距急剧加大，最终带来市场价格大涨。养殖业受不确定与确定因素的影响一下体现了出来。

关于如何规避养殖业的风险，我的建议是尽量减少供需对终端市场的影响，通常经营公司会利用农产品期货市场来对冲一些风险，就是在豆粕、猪肉这些期货品种上进行买卖操作。

数据也佐证了中国生猪养殖行业的变化。根据2017年《中国畜牧业年鉴》，中国生猪养殖场数量由8235万家降至3775万家。

而在生猪养殖行业居于领先地位的公司，凭借在食品安全、疫病防控、成本控制及标准化、规模化、集约化等方面的优势，在2019年加速扩张，占据的市场份额必然随着散养户的退出而提高，盈利也逐渐增加。与此同时，非洲猪瘟带给中国生猪养殖业格局的变化也正在发生。回顾A股市场的生猪养殖板块个股的股价变动可以发现，自2018年8月曝出疫情，时隔两个月后，生猪养殖板块公司的股价，特别是生猪养殖业务占比较大的公司，开始逐级走高。

如牧原股份，2018年10月股价处在23元/股左右，2019年3月发

> **中国赛道**
> 投资大师罗杰斯谈中国未来趋势　>>

布2018年业绩下滑公告时，股价已经上涨至60元/股左右，涨幅达160%；此后，牧原股份股价高位震荡上行，截至2019年10月底，股价已达100元/股左右。如此短时间内出现这样大的涨升幅度，是近年来A股市场少见的。

但是对于消费者来说，猪肉价格太高，自然选择其他替代产品，来补充膳食中的蛋白质，如鸡肉、牛肉、羊肉、鱼肉等，因此养殖业的相关行业都能受益，比如饲料等；同时，替代品也抑制了猪肉价格的进一步上涨，比如"人造肉"。人们选择肉类替代品不仅是出于健康的考量，也有一部分出于对环境的担忧，同时随着猪肉供应的增加，未来猪肉价格将会回归以往的正常水平。

2019年，生猪养殖业的上市公司应该是处于生意最好的时候，股价未来是否还能有更大的上涨？我认为，也许会有个别在生猪养殖业务上做得非常优秀的公司，占领这个行业的绝大部分市场份额而成为龙头公司，但整体上涨的空间有限。

## 中国种植业当前形势

其实，中国的农产品结构中，大米、小麦、玉米才是最重要的组成部分，同时它们为牲畜养殖等行业的饲料生产提供基础原料。尽管猪肉等肉类产品的价格较高，但大米、小麦、玉米在农产品中是产量最大、占比最高的，而它们大多数价格却不高。当这些价格低的农产品涨价时，会带来经济变化，价格较低的时候往往就是投资的机会所在。

> 中国农业的巨大前景
THE GREAT PROSPECTS FOR CHINA'S AGRICULTURE

大米（稻谷）在中国人饮食结构中占据重要的基础地位。大米与小麦、玉米三大粮食作物作为口粮消费是中国第一大粮食用途，其中，86%的稻谷用于口粮，80%的小麦用于口粮，玉米则主要用于牲畜生产的饲料。近年来，中国稻谷年产量一直在2.1亿吨左右，小麦年产量1.3亿吨左右，玉米年产量2.6亿吨左右。

中国粮食消费首先是满足每个人生存的口粮需求，这个需求量最大，占50%左右；其次，饲料的制造是需要粮食做基础原料的，由于需要喂养的牲畜量巨大（生猪养殖就是典型），这个需求量排在第二；接下来是食品工业方面的需求，如为制作饼干、酿酒等提供原料；最后是使用现有粮食作为明年所需的种子而进行的生产，相对来说量最小。

大米、小麦、玉米这类粮食商品进入我们日常生活的途径，往往决定了种植业的构成与生产方式。在进一步理解种植业和发掘投资机会之前，必须了解这方面的知识。毕竟，规模化、产业化已经成为让这个世界更加美好、让生产更有效率的一种生产方式。

要满足现代粮食消费需求，单靠以前的家庭作坊式生产是难以做到的。以前不但种植技术差、成本高、产量少，而且质量难以保证，病虫害等疫情也没法控制。因此，粮食的规模化生产已是当今世界农业发达国家粮食生产的基本方式，主要以家庭农场的方式运营，并且规模化的趋势越来越显著。

而中国人均土地占有率并不高，随着城镇化率的不断提高、工业化进程的推进，农村人口务农的成本持续升高，人力资本逐渐进入城市，无人耕种的粮田促使农业种植规模化需求逐渐加大；另一方面，

> **中国赛道**
> 投资大师罗杰斯谈中国未来趋势 >>

为了更有效率地提升粮食生产，中国正利用市场力量提升农业发展水平。由于世界粮食大国之间的粮食生产竞争加剧，导致必须进行规模化生产来降低成本，提高粮食国际竞争力。

自2012年开始，中国稻米进出口形势就发生了改变，由净出口变为净进口，此后进口大米数量持续增长。据了解，中国进口稻米消费集中在经济较发达地区，主要是城市。受消费升级的带动，泰国香米、日本越光米等高端大米大受追捧，进口来源还包括越南、巴基斯坦等国家。

不过，目前中国对大米采取的是进口关税配额管理，配额外进口大米要承担较高关税，进口数量占比仍较小，对国内市场供应与价格影响并不大。

那么，在中国有哪些因素能决定粮食的价格呢？这关系到农业企业盈利的问题。据了解，中国的粮食价格并非完全由市场的供需决定。目前，中国主要以政府的调控措施为基础来形成粮食价格，如当市场粮价过低时，政府会确定一个最低收购价来购买市场上的粮食，稳定粮食市场；当市场粮价过高时，政府则抛售此前收购的粮食，平抑价格。同时，也通过对种植企业和农户进行直接补贴来稳定粮食市场。

随着近年来粮食形势的变化，中国政府正逐步完善粮食价格形成机制，希望更多地让市场来决定价格而不是由政府调控，毕竟这会耗费巨量的财政资金。这一点需要注意，因为这很大程度上决定了未来种植业的格局与生产企业的盈利能力。

虽然规模化与产业化是种植业最好的生产组织方式，但由于各个

> 中国农业的巨大前景
THE GREAT PROSPECTS FOR CHINA'S AGRICULTURE

国家和地区的历史、地理条件等存在差异，实现农业产业化尚需一定的时间。

目前中国农业产业化的主流形式之一是农户分散经营模式，即以家庭为单位完成耕种、售卖等一系列工作，这是传承自祖辈的、普遍采用的形式，这种模式的弊端就是规模小、效率低，未来将被"公司＋农户"这种产业化模式所取代。

有的地方将分散的种植户组成一个联合体来实现规模化经营，共同获取技术、信息，组织培训，同时也能以较低的价格购置农机、化肥等生产资料，再以较优的交易条件销售农产品，这种模式可以大幅提升效率。

还有自主经营大规模基地的模式，主要是国有农场依托自主经营的耕地，进行统一布局、种植，属于大规模、产业化的经营模式。A股上市公司中，北大荒、亚盛集团、苏垦农发等就属于国有农场上市公司。

## 行业关注点

目前A股上市的几家种植业公司都是中国农业现代化程度领先的国有粮食生产集团旗下资产，拥有土地资源、研发、技术服务等种植产业链上的多项优势，是中国粮食生产主力。

以北大荒为例，主要业务包括：耕地发包经营业务；水稻、玉米、大豆等粮食作物的生产和销售；与种植业生产相关的技术、信息及服

> **中国赛道**
> 投资大师罗杰斯谈中国未来趋势 >>

务等。北大荒年报中称，2018年粮豆总产620万吨，绿色作物种植面积达35.76万公顷，有机作物种植面积达5.23万公顷。公司是中国目前规模最大、现代化水平较高的种植业上市公司和重要的商品粮生产基地，掌握了从作物栽培到病虫害防治再到农业经营管理等一系列先进的生产技术模式，处于同行业领先水平。北大荒采取的就是以统一经营管理为主，家庭农场承包经营为基础的经营机制。

一般来说，农业产品都是必需的生活物资，关系到人们的生存健康和社会稳定，而农业又受自然环境（如自然灾害、病虫害）影响较大，从事该行业生产、投资面临的不可预测风险相对较大。为了降低风险带来的损害，稳定市场价格，政府经常会给予这类公司和经营者一定的补贴。当然，价格出现大幅跳升时，政府也会采取一些办法平抑价格，稳定市场行情。因此，==投资农业公司时，对于政府行为与政策带来的机会与风险必须有一个清晰的认识。==

在政府支持农业发展的同时，农业种植经营者也可以通过期货市场来减小风险。目前。中国大连商品期货交易所和郑州商品期货交易所都设有农产品交易品种，其中涉及粮食种植的就有粳米、小麦、大豆、玉米等多个类别。

除了规模较大的种植业，我也关注中国种植业细分领域的种子行业。作为稻麦种植业的上游行业，由于种植面积的相对固定以及口粮安全的政治属性，种子行业的竞争态势有其特殊性。

外资种子企业进入中国是在1989年，起初主要涉足蔬菜、花卉等园艺作物种子领域。随后，美国孟山都开始进入棉花种子市场。2000年中国《种子法》颁布后，世界知名的美国孟山都、美国杜邦先锋、

> 中国农业的巨大前景
THE GREAT PROSPECTS FOR CHINA'S AGRICULTURE

瑞士先正达、德国拜耳等行业巨头先后进入粮食育种和种子生产经营领域。种子的研发考验企业实力，一个新品种问世耗时较长的可能需要8—10年。

因此，研发难度大、资金投入大、利润回收期长一直是种子企业所面临的难题。不仅如此，中国种子新品种入市还需要经过政府农作物品种审定委员会审定。通过世界种业发展历史可以看到，行业特性决定了种业集中化的趋势，全球跨国种业巨头就是这样产生的。

近年来，国际种业巨头正在进行资源整合，其中出现了中国企业的身影。如中国化工430亿美元收购先正达，隆平高科收购陶氏益农拥有的巴西业务，中粮集团收购尼德拉农业，等。其中，隆平高科就是一家A股上市公司。

隆平高科是以"世界杂交水稻之父"袁隆平院士的名字命名的，袁隆平院士是该公司名誉董事长，所有中国人对他都很熟悉。截至2018年，公司累计获得植物新品种权授权276件，杂交水稻种子市场份额全球第一。

2018年，隆平高科水稻国际业务稳步增长，新增市场准入品种6个（印度2个、菲律宾2个、巴基斯坦2个），商业化时间符合预期（菲律宾水稻种子销售增长260%，基本完成印度、越南市场的产品准入）。

除了杂交水稻的优势外，目前，通过收购国内玉米种子的强势企业，隆平高科已成为国内领先的杂交玉米种子企业；同时，公司进军国际市场，早在2017年，就与中信农业产业基金管理有限公司完成对陶氏益农巴西特定玉米种子业务的收购，获得在巴西市场的领先优势。

## 乡村振兴与数字未来

中国的农、林、牧、渔等领域都是在乡村发展起来的产业，这些产业带来了农村经济的繁荣，但与中国城市发展的状况相比仍有不足。近四十年来，城市工商业率先发展，中国农村人口越来越多地离开乡村，去城市打工或干脆留在城市，这使得乡村与城市之间的差距越来越大。因此，中国政府现在决定帮助农村，这意味着农村地区可能存在巨大的机会。

乡村与城市之间的差距不仅体现在经济收入方面，在基础设施如信息、医疗、教育、文化等生活保障方面差距也很大。中国政府希望缩小这些差距，因此一直在乡村振兴上发力。

中国政府的工作目标是城市与农村要共同富裕，至少也应该使城乡的差距变小。因此，"三农"领域还有一些突出的短板必须补上。

"三农"，指农业、农村和农民，改革开放以来，中国政府在这方面持续加大财政投入，完善相关政策与制度、法规。当政府投入大量资金做某事时，这件事在未来一定会有很大发展空间。当然如果你不想当农民，你可以到乡下开餐馆、开商店。试想一下，当城乡差异不断缩小，当中国农民富裕起来，那里的生意将很好做，很容易赚钱。

乡村振兴离不开农业产业化，中国政府认为，农业产业发展是促进农民增收的有效途径。农村产业从发展的角度看，属于现代农业的

> 中国农业的巨大前景

THE GREAT PROSPECTS FOR CHINA'S AGRICULTURE

范畴，不仅包括传统农业生产部门，还包括农用物资生产、农产品加工等第二产业，以及技术研发、农产品流通等第三产业。

据了解，目前，与现代农业相关的电商零售项目最受资本青睐。农产品通过互联网平台直接接触市场，解决了此前流通不畅的问题，而农产品零售终端环节不像种植、养殖等生产环节需要技术积累及承担较大风险，阿里巴巴、京东等互联网行业巨头看到了这个发展趋势，纷纷布局。

供应链领域也比较受投资者关注。由于农产品大多是生鲜产品，为了保鲜需要及时运输或者冷链运输，同时产品运输过程中存在损耗较大等问题，这些都是该产业必须面对的棘手问题，同时也是其价值所在，未来发展前景可期。

随着互联网与通信技术的不断发展，数字农业展现出更有效、更安全的优势。传统农业中的种植、养殖产业，育种、灌溉、施肥、饲养、疾病防治、运输和销售等环节，需要人为掌控，存在效率低、质量控制差等问题。数字农业利用遥感、地理信息系统、全球定位系统、通信和网络等新技术，与农业领域的相关学科有机结合，实现农业生产全过程的管控，不但可以降低生产成本、提升效率、改善生态环境，也使农产品的品质得以提高。

与数字农业相关的另一个概念是智慧农业。广义的智慧农业指综合利用物联网、大数据、无人机、人工智能、精准导航等技术，改进农业生产流程，提升生产效率。近年来，智慧农业也曾是投资热点，不过成效并未显现，相信未来发展前景广阔。精细化养殖、数据平台服务以及无人机植保是智慧农业领域最主要的三大应用场景，也被众

> **中国赛道**
  投资大师罗杰斯谈中国未来趋势 >>

多投资人看好。

  总的来说，中国农业发展空间巨大，乡村振兴与数字农业的发展，加上5G技术的落地，前景美妙。在农村，科技正在改变一切，将有越来越多的机器人下地干活，人们通过无人机或其他设备进行操控。就算未来不需要人真的去驾驶拖拉机，但又由谁来控制机械工具、机器人和无人机呢？在我看来，农业生产还是需要人来当"农夫"的，而中国农业的变革正在发生……

# 7

# 制造业:从3.0到4.0

MANUFACTURING: UPDATING FROM 3.0 TO 4.0

目前全球正在开启第四次工业革命的浪潮，也就是我们所说的"工业4.0"，这是一个全新的时代，对全球制造业提出了更高的要求。作为一个拥有全球视野的国际投资家，罗杰斯对于全球制造业的发展趋势有着怎样的解读？作为一位将近80岁的投资者，他如何看待人工智能、云计算、产业互联网呢？中国移动通信技术的快速发展，特别是5G技术的发展，大大促进了华为、中兴通讯等通信设备制造商的崛起，而美国对于华为的打压封锁，更将这些公司推上了风口浪尖。罗杰斯对中国这类公司的发展前景有着怎样的判断？在该领域应该如何投资呢？

## 制造业的发展逻辑

好吧,也许我说的这些内容有些抽象、枯燥。按照经济学家的划分,一个国家的制造业属于国民经济的第二产业,一般是指工业,具体包括的行业就很多了,如交通设备、医药、电子、能源等制造工业,凡是利用自然资源加工、制造出工具或是大家日常使用的电子产品、药品等都属于此类。

从人类社会历史发展看,制造业是在第一产业(农、林、牧、渔)的基础上发展起来的。人们利用制造业新创造的工具又反过来辅助农业发展。正因为工业在20世纪的高速发展,社会变化才如此巨大。因此,观察一个国家三大产业结构的变化趋势,也是能很好地看清制造业发展路径的。

我们不要忘记,投资并不简单,也不轻松,你需要了解更多社会、历史、经济学等方面的知识。我们生活中已经司空见惯的东西,比如房间里的灯、手机,这些工业产品背后的原理是什么?是的,它们都需要使用电,那电又是如何被制造出来的呢?这样追问下去才能丰富你的知识,开阔你的视野。

如果再进一步了解,你就能知道,能源是现代社会不可或缺的基础,能源工业生产能力的高低也大致决定了世界上各个国家的经济实力。在能源利用方式的变革过程中，如果说农耕文明是人类能源利用迈出的第一大步，那么，第二步就是工业革命，其典型标志就是蒸汽机的产生。

不过，早期工业的特点是侧重利用煤炭作为能源，工业生产中虽然使用机械，但相对简单，人力仍是主要的，如纺织业曾使用大量工人。经济学家称早期工业为劳动密集型产业，就是因为需要雇用很多人来工作。

随着工业制造技术的进步和人们生活水平的提高，石油作为新能源被发掘并广泛使用，由于各国的石油储量有多有少，所以才有了全球的石油市场，大家可以通过买卖来交换各自没有的东西。

由于全世界的人们都使用煤炭、石油等商品，产生的环境污染已经让地球不堪重负，并且这些资源是无法再生的，所以，可再生能源的发掘和替代能源的技术研究持续受到关注，水力发电、风能发电、光伏太阳能、生物质能发电等技术不断发展，但要完全停止使用煤炭和石油等不可再生能源尚需时日。

新技术的应用日益广泛，汽车、拖拉机、轮船、飞机、手机等被制造出来，现代社会生活变得更加美好。而制造这些产品的技术也在不断进步，使其在使用上更便捷高效。欧美发达国家引领了这些工业制造技术的发展，因为他们更懂得怎样利用电这样的能源让我们的生活过得更好、更舒适。

因此，这些发达国家为了将更多时间和资源用在开发新技术上，往往将自己已经掌握的技术与发展中国家的人力、自然资源进行交换，

> 制造业：从3.0到4.0

MANUFACTURING: UPDATING FROM 3.0 TO 4.0

一起生产大家都使用的商品。同时，这样做需要发达国家把劳动密集型产业转移到工资低廉的发展中国家去，而最终的产品则销往全世界。

随着发达国家拥有的新技术越来越多，也催生了各种高科技产业，经济学上称发达国家的这些新技术产业为知识密集型产业或技术密集型产业。

目前，世界上的发展中国家占绝大多数，如缅甸、埃塞俄比亚、越南等，这些国家受制于没有新技术等原因，需要引进发达国家的劳动密集型产业，来逐步提升整个国家的经济。当然也有一些新兴工业化国家通过引进，已经掌握了一些新技术，开始向技术密集型的工业化国家转型。

纵观历史，人类使用的先进科学技术往往存在全球扩散的趋势，制造业使用的新技术同样如此。全世界各国拥有不同的人力与自然资源，在与新技术进行交换的时候，产生了由不同国家承担某一科技产品制造过程中各个部分的情况，这就有了经常说的全球产业链，即一个新技术产品的制造由全球不同国家和地区分工协作完成，再卖给全世界的人来使用。

比如，四十年前，中国是纺织大国，并且此后每年都在发展。这曾是中国的强项，但近年来，中国的大部分纺织产业正在往越南、孟加拉国等国转移，这些地方的纺织制造成本比中国更低。

这与美国早期制造业的发展类似。那时英国人将所有的纺织业和制鞋业转移到了美国，因为当时那里的成本低，美国发展起来后，又将纺织业和制鞋业转移到了中国。是的，很多国家可以降低生产成本，但制造出来的商品是卖给全世界的。

## 中国高铁领跑世界

中国制造业从崛起的时间看，应该说是相当迅速的，这也是我一直看好中国的原因之一。

根据中国国家统计局的数据，中国工业增加值（简单地说是一个国家所有企业干了一年，去掉消耗的成本后得到的利润）从1952年的120亿元增加到2018年的305160亿元，按不变价格计算，年均增长11.0%。2020年，中国全年全部工业增加值313071亿元，较2019年增长2.4%。

分阶段看，第二次世界大战后，中国在1949—1957年，工业增加值保持了年均19.8%的增长速度；1958—1978年，制造业虽然遭遇损失和停滞，但总量规模进一步扩大。1978年，工业增加值1621亿元，按不变价格计算，比1952年增长15.9倍，年均增长11.5%。

改革开放后，中国工业经济规模迅速壮大，1992年工业增加值突破1万亿元，2007年突破10万亿元大关，2012年突破20万亿元大关，2018年突破30万亿元大关，按不变价格计算，2018年比1978年增长56.4倍，年均增长10.7%。

世界银行的数据显示，按现价美元测算，2010年中国制造业增加值首次超过美国，成为全球制造业第一大国，自此以后连续多年稳居世界第一，2017年中国制造业增加值占世界的份额高达27.0%，成为

> 制造业：从3.0到4.0

MANUFACTURING: UPDATING FROM 3.0 TO 4.0

驱动全球工业增长的重要引擎。

除了原煤、钢铁、建材、化工等能源、原材料的庞大生产能力外，中国拥有包括41个工业大类、207个中类、666个小类的比较齐全的、具有一定技术水平的现代工业体系。在此基础上，高技术装备类产品发展迅速。2018年，中国手机、计算机和彩电等产品的产量分别达18亿部、3.1亿台、2.0亿台，占全球总产量的70%—90%；汽车产量2781.9万辆，连续多年蝉联全球第一。

中国高铁技术已处于全球领先位置，动车组已成为中国的亮丽名片，走出了国门。高铁是指安全运行时速超过200公里的高速铁路系统，日本1964年建成通车的新干线是目前世界公认的第一条高铁。

中国高铁能够后来居上，是由于自身就拥有全世界最长的高速铁路网以及多年的建设管理经验；加上本已齐全的产业门类与自主技术创新，目前中国高铁建设的性价比绝对是全球最高的。全球知名的高铁制造公司除中国中车外，还包括加拿大的庞巴迪、法国的阿尔斯通、德国的西门子、日本的川崎等。

实际上，投资高铁制造领域的公司并不容易。任何一个新建高铁项目能否实施都与一个国家的发展建设计划高度相关，新兴工业化国家由于经济发展需要，在这方面是有更大需求的。而作为公共交通的一种方式，高铁投资具有金额巨大、回收期长的特点，一般都是当地政府出资建设，并且因替代的出行方式很多，如飞机、汽车、轮船等，高铁建设在很多国家进展得很慢。

此外，高铁制造产业链较长，对一个国家和企业的工业制造能

> **中国赛道**
> 投资大师罗杰斯谈中国未来趋势 >>

力是一个考验，这也是一般高铁项目采取全球招标的原因，产业链较长也就需要更多的制造商参与其中。具体来看，高铁产业链上游为钢铁原料和基建环节，包括特殊钢铁材料、基建勘察设计施工等（简单说就是挖路、铺设轨道、架线）；中游为机车轨道制造、动车组及配件，以及机车控制系统设备等（简单说就是制造轨道、车厢和机车控制系统）；下游为高铁系统维护、运营等环节。每一个环节的关键技术、核心部件都涉及多家专门的制造公司，可见其复杂性。

通常，高铁从开工建设到通车运营需要三到四年的时间。据了解，高铁产业链各环节在建设成本中的占比，上游基础设施建设，如桥梁、隧道、车站等建设约为40%—60%，中游的控制与电力系统等约为25%—40%，动车组与配件约为10%—15%。不过，上游基建成本虽然高，但参与的企业盈利并不多，而动车组与配件由于技术含量高，反而盈利较多。

就目前参与全球高铁制造的企业看，竞争主要集中在几家大型国际综合型企业之间，如庞巴迪、阿尔斯通、西门子、中国中车等，也有些区域性竞争力强的公司在各自擅长的领域拥有专门技术，如西班牙CAF公司、日本日立（Hitachi）公司等。

尽管如此，我还是比较看好中国中车等中国公司。首先，就全球而言，发展中国家的工业化发展是大势所趋，而高铁建设的前期巨大投入是不得不面对的问题，因此中国高铁制造的性价比优势明显。其次，中国自身就是一个超级市场，国家持续投入高铁建设，截至2019

> 制造业：从3.0到4.0

MANUFACTURING: UPDATING FROM 3.0 TO 4.0

年底，中国高铁运营里程达到3.5万公里①，已建成世界上最发达的高铁网。其中具有国资背景，达到世界领先级别的高铁建设公司自然受益。最后，中国发起的"一带一路"倡议已经带动了亚洲、非洲等地区的高铁建设投入，随着占全球总人口超过一半、经济总量占全球近30%的中亚、南亚、西亚、东南亚、中东欧等国家和地区的经济增长，未来的高铁建设投入必将更大。

中国中车是A股上市公司，主要业务是高铁动车组的制造，处于高铁制造产业链中游，目前已是全球规模最大、品种最全、技术领先的轨道交通装备供应商，连续多年轨道交通装备业务销售规模位居全球首位。主要产品包括动车组、机车、客车、货车、城市轨道车辆、通用机电，所有产品都拥有自主知识产权。其中动车组业务占比最大，主要包括时速200公里及以下、时速200—250公里、时速300—350公里及以上各类电动车组、内燃动车组，主要用于干线铁路和城际铁路客运服务，目前中国高铁线上的"复兴号"动车组就是他们生产的。

## 中国医药产业的特色

早在20世纪80年代环球旅行的时候，我就在中国尝试过中医治疗，我现在也搞不懂那些刺入身体的细针为何能如此迅速地缓解我的疼痛。中国传统医学历史悠久，而现代医药化工业则是近两百年来由欧美发达国家发展起来的，属于制造业的一个门类，主要是指西药——按照医药消费品大类划分的话，在中国与之相对的就是中药。

---

① 2021年底，中国高铁运营里程将达到4万公里左右。

> 中国赛道
> 投资大师罗杰斯谈中国未来趋势 >>

随着中国工业化进程的加速,中国的医药工业与发达国家之间的差距正在缩小。

资料显示,20世纪50年代,中国政府确定了医药工业以原料药生产为主要发展方向,1966年原料药增加到375种,1970年产量达2.1万吨;1978年中国实行改革开放政策,开始实行药品专利保护,引入国外知名医药企业;1982年中国政府试行世界卫生组织关于药品的生产质量管理规范(Good Manufacturing Practices,GMP),开始与国际接轨;1984年中国《药品管理法》公布。

在中国政府不断更新《药典》的过程中,国家基本药物制度自1992年起开始施行;1999年6月,开始施行药品分类管理,出台《处方药与非处方药分类管理办法(试行)》,并且对新药设立了统一审批及注册制度;2001年中国加入世界贸易组织后,随着工业化的深入,中国医药工业从此前以仿制药为主,开始自主研发创新药物。

近十年来,中国医药产业整体规模不断扩大,科技水平不断提升,国际化进程也在不断加速。数据显示,2019年中国医药制造业规模以上企业实现营业收入为26147.4亿元,同比增速8%,实现利润总额3457亿元。

可以看到,中国医药制造业已经有接近3万亿的营收规模与超3000亿元的净利润,增速已经超过GDP的增速,这是个了不起的数字。

2019年中国参加基本医疗保险人数超过13.5亿人,新增1000万人,参保率97%。随着中国人生活水平的提高,基本医疗保险参保人

> 制造业：从3.0到4.0
MANUFACTURING: UPDATING FROM 3.0 TO 4.0

数会进一步增加，对优质医疗资源的需求仍有巨大的增长空间。

同时，新药研发等科技含量高、投入风险较大的领域，也持续受到资本市场的青睐。2019年，共有13家生物医药公司在香港联交所上市，其中绝大多数的产品为创新型药物；上海的科创板，年内共有17家创新型生物医药公司上市，上市融资涉及的重点领域包括新药研发、疫苗生产和医疗器械。

引人注意的是，中国国产新药在境外开展临床研究和上市申报的数量在持续增多。资料显示，2019年复星医药、百济神州、信达生物等上市公司的创新医药在海外的临床研究获得了突破性进展，他们研制的多个新药的上市申请已获得美国FDA（美国食品药品监督管理局）的批准（符合这个批准，才能在美国市场销售）。

药品是大家必备的生活用品，在药店买药的时候，我们经常听到说这是中药那是西药，通常我们根据自己的情况和医生的建议来选择。我对中医的未来持乐观态度，我在中国旅行时曾经亲身尝试过针灸疗法，医生在我的肩膀和后背扎了很多根细针，还在上面放上点燃的草药，我后来知道那是艾草做的。虽然过程在我这个西方人看来有点难理解，但非常有用。之后当我发现有效的中医药时，就会推荐别人尝试，如果有用的话，他们会继续使用。中医药肯定会国际化，国外许多人正在了解中医中药，有些疗法也开始流行起来，因为确实有效，毕竟，中医药已经经过了几千年的实践和验证。

不管是中药还是西药，由于现代生活水平提高，市场需求增长，医药工业化、标准化、大规模生产都已经相当普遍。

143

目前，中国、印度、日本和欧洲、北美是世界主要原料药生产地区，为降低生产成本，全球产能有持续从欧美发达国家向中国转移的趋势；同时，2016年以来，中国环保要求提高，原料药项目审批趋严，不合规企业退出市场竞争，加上政府集中采购降低价格等因素，使成本控制得力、产品优质的大型原料药企业获得发展的机会。

上面说了中国医药产业链上游的特色，现在说说中游的医药研发与制造。其实，医药行业最核心的竞争力就在这个产业链环节。一家企业凭借研发出的一款创新药，甚至可以赚到几十上百亿元的利润，这样的成功故事，在医药制造业中并不少见。

不过，创新药（西药）推出难度相当大，要研发出一款创新药，从最初发现先导化合物、做出样品，到四期临床检验，最终获得政府批准上市销售，至少需要10—20年时间，投入资金至少10亿美元，并且投入时间和资金后，还无法获得必然成功的保证。创新药研发周期长、投资高、风险大的特点，往往让实力不足的中小型制药企业望而却步，这也是大多数企业选择制造仿制药的原因。

当然，新上市的创新药的利润也是足够高的，能够被市场认可的优质创新药在专利保护期内（实际销售时间只有8年左右）可以很快收回前期研发投入并创造高回报，一旦专利保护期过去，仿制药就会很快（一般是6个月后）进入市场分食创新药的超额利润。

中游医疗仪器设备和器械的制造风险没有新药研发那么大，往往一个产品就是一个细分子行业，竞争者不少，产品更多依靠长时间使用后的逐步改良形成技术壁垒。医护人员养成的设备与器械操作习惯，也会对新进入者产生一定的竞争壁垒。

> 制造业：从3.0到4.0
MANUFACTURING: UPDATING FROM 3.0 TO 4.0

下游医药商业更像是零售行业，现在连锁药房的形式与服装、食品等零售连锁企业并无不同，只是药品的销售有一定的专业要求。零售连锁业竞争导致少数几家商业巨头把持绝大多数的市场份额，不过，互联网医药平台兴起，开始挑战连锁经营方式。

作为拥有14亿人口的新兴市场和发展中国家，中国人对高质量医疗的需求增长迅速，因此，近年来中国医疗健康系统在持续调整。2018年中国国家医疗保障局成立，对此前的机构职能进行了较大改变，以提升管理效率。由于国家医保局拥有支付全民医疗费用的职能，医疗采购相当于国家采购，国家医保局出台的新采购政策给医药全产业链，以及未来的医药产业结构都带来极大的影响。

国家医保局的集中采购是以巨大的采购量换取最低的医疗产品价格，这使得提供高性价比产品的医药企业受益，同时对中国创新药提供了市场支持。

目前，虽然知名跨国医药企业，如辉瑞、罗氏、强生等也能在中国仿制药居多数的市场环境中持续获利，但随着新政策的实施，未来将有更多的中国创新药与其争夺市场，这个趋势已经显现。

引人注意的是，近期，医药研发外包服务机构（CRO）市场规模在中国迅速扩大，这类公司新成立较多，以生物医药类为主，这也许跟人类细胞、基因生物治疗技术的进步有关。医药制造企业为了降低研发费用、提高效率，将自己的研发业务环节进行外包。因中国医药工程师素质高而价格相对较低，以及中国政府鼓励和引导创新药研发，自然吸引大量投资者进入中国。不过，创新药研发的高风险依然是难以避免的。

> *中国赛道*
> *投资大师罗杰斯谈中国未来趋势* >>

当我们在中国和美国投资医疗股票时,最大的不同是,美国就医非常昂贵,几乎每个人都有医保。美国医疗保健业是非常成熟的行业,多年保持增长,但增速已不太高。而在中国,高质量的医疗市场需求才刚刚开始,因此有更多、更好的投资机会。

如果你能找到合适的公司,找到合适的人,就可以投资中国的医疗保健行业,前景非常好。医疗保健行业具体涵盖的门类很多,比如健康体检、疫苗、口腔、产科、眼科、美容等许多细分行业,这些行业的增长将创造极大的经济效益;不仅如此,这些细分行业建立的医疗保健机构数量巨大,导致医疗器械和设备的市场需求猛增。

目前,随着中国人对高质量医疗保健的需求快速增加,以及人口老龄化趋势加剧,加上政府的支持,民营专科医院已经遍地开花,个别发展较快、规模较大的连锁医院已经在证券市场发行股票上市,这些值得我们随时关注。

## 共享通信5G时代的红利

通信是人类自古以来传递信息和交流想法所必需的,当使用电、电磁波、光作为通信媒介后,现代电信业迅速发展起来。智能手机的使用如此频繁,借着互联网的接入,几乎可以解决日常生活中的所有问题。因此,电信运营商服务是否够好,网速是否够快成了一个无法回避的问题,当然还有使用费是否够低。幸运的是,近年来,中国的电信资费在不断降低,加上从2019年开始三大电信运营商(中国移动、中国联通、中国电信)之间可以"携号转网",消费者的选择更自

> 制造业：从3.0到4.0

MANUFACTURING: UPDATING FROM 3.0 TO 4.0

由了。

这一切与中国庞大的通信市场需求有关。工信部数据显示，截至2019年，中国的手机用户总数超16亿户，较上年净增3525万户，净增用户较上年（过去十年的最高位）的1.49亿户明显回落。手机用户普及率达到114.4部/百人，比上年末提高2.2部/百人，远高于全球平均的101.5部/百人。这是市场趋于饱和的信号。

数据显示，目前，中国拥有全球覆盖最完善的4G网络。截至2019年底，4G基站数达到544万个，占基站总数的64.7%。2019年新建4G基站172万个，一方面实现网络大规模扩容，弥补农村地区覆盖的盲点，提升用户体验，另一方面提升核心网能力，为5G网络建设提供坚实的基础。截至2019年12月底，中国4G用户占比远高于全球的平均水平，与领先的韩国相当。

依托移动通信网络，中国已建成全球覆盖范围最广的互联网。近年来，中国政府持续推动互联网网络基础设施建设，降低电信资费，改善民生。除了加快提升电信无线网络覆盖外，中国三大电信运营商的接入网络基本实现全光纤化。截至2019年12月底，中国固定互联网宽带接入用户总数达4.49亿户。其中，光纤接入（FTTH/O）用户4.17亿户，占固定互联网宽带接入用户总数的92.9%，较2018年末提高0.4个百分点；中国光纤宽带发展保持全球领先地位，光纤到户渗透率远高于全球平均水平（65%）。

相对应的是，不管是电话、宽带的有线接入，还是手机、基站搭建等无线接入，网络系统的形成和顺利运营，在中国这样人口众多、地域广阔的通信市场上，电信运营商前期资金和人力的投入都是巨大的。当然，电信运营商收入也不菲。

工信部数据显示，2019年，电信业务总量达到1.74万亿元（按照上年价格计算），比上年增长18.5%。其中，以IPTV（交互式网络电视）、数据中心业务、云服务和大数据为主的固定增值业务收入1371亿元，同比增长21.2%，是拉动电信业务收入增长的主要因素之一。

目前，中国三家电信运营商中，只有中国联通在A股上市；中国移动和中国电信在港交所上市交易，也可以在纽约证券交易所买卖它们的股票。中国移动是这三家中规模最大的，注册资本3000亿元人民币，资产规模超过1.7万亿元人民币，员工总数近50万人。中国移动连续十九年入选《财富》世界500强企业。

年报显示，2018—2020年中国移动主营业务收入分别为7368.19亿、7459.17亿和7680.7亿元，净利润分别为1177.81亿、1066.41亿和1078.43亿元，主要经营移动语音、数据、宽带、网络电话和多媒体业务；不过，从财务数据看，2018—2020年三年来，中国移动营收同比增长分别为-0.5%、1.23%和2.97%，净利润同比增长为3.06%、-9.46%和1.13%。可见，经营规模已经这样大的公司，业绩增速似乎难以提高，而按目前50港元／股算，每年的股息率接近6%，还是不错的。

其实，投资电信业公司的股票，有两个需要注意的地方：一是电信运营商的资产规模一般都较大，主要是前期建网投入的资金和时间成本极大，并且通信技术更新较快，需要不断升级设备，因此尽快获取足够大的用户数和使用量才能形成规模效应，持续获取利润，盈利周期长；二是现代生活中，人们对互联网的使用，就像居民生活中的水、电一样，是一项基本需求，消费者对价格比较敏感，因此政府也致力于降低价格，改善民生。所以在一个国家和地区从事电信运营服务，需要得到政府许可并遵守当地相关规则。

<u>从产业链发展的角度看，电信运营商不断升级通信设备，恰恰是上游通信设备制造商的机会。</u>

近些年来，通信技术的发展日新月异。从20世纪末移动电话的使用开始，早期的移动电话技术从1G、2G、3G到4G也才经过了不到四十年的时间，可见技术更新的速度。现代最新技术已经是第五、第六代蜂窝移动通信技术（5G、6G）。

在古代，人类为了传递一个重要信息，需要跋山涉水走很远的路；19世纪，电报的出现让人们惊叹不已，当时电报就是"高科技"的象征，它替代了信件；而后电话又替代了电报，我以前投资过一家电话公司，那是一次成功的投资。当时我在哥伦比亚大学商学院担任客座教授，和同学们一起分析过当时的电信行业，有几个学生也投资了这家公司，都获得了不错的收益，不过这家公司最终破产退出了市场，因为它被拥有更先进技术的公司替代了。技术的更迭就是如此，新的总会替代旧的，人类文明的辉煌时刻必然伴随着科技的进步，但随着一些文明的结束，那些曾经令人惊叹的突破也许会被我们忘记。

随着互联网的快速发展，智能手机性能的提高，越来越多的智能设备（手机、电脑等）通过移动通信方式接入互联网中，数据交换与连接数量暴增，给4G移动网络运行带来严峻挑战。新一代的蜂窝移动通信技术能很好地解决这个问题。5G技术拥有高数据速率、接入设备（如手机、电脑等）数量大、低延迟、节省能源、降低成本、提高系统容量等优势，数据传输速率最高可达20 Gbit/s，比有线接入互联网要快，比4G LTE蜂窝网络快100倍。

新技术为消费者带来更方便、快速体验的同时，也为电信运营商节省了成本，因此，世界各国政府都在加速推进5G技术的应用。2019年4月，韩国三大电信运营商宣布5G移动网络商用；同月，日本发布5G频谱，预计2020年规模商用；美国总统特朗普2019年发表演讲称，要成为5G时代引领者，拟投入2750亿美元建设5G网；2019年，中国发放4张5G商用牌照，2020年规模商用；2019年，英国在10多个城市开通5G网络。

处于通信行业产业链核心位置的通信设备制造商，是5G技术研发和设备制造者，其上游是芯片等元器件、材料的供应商，下游客户是电信运营商。

相较于电信运营具有地域和国家垄断的特点，通信设备制造领域的竞争是全球化的。每个国家和地区在提供电信服务时，都需要购买相关的技术设备组建网络，这也表明了全球市场需求的巨大。

而通信设备制造技术的发展却不是一夜之间能实现的。20世纪开启的现代通信技术发展至今，有无数的发明家及公司携巨资投入其间，不断革新开拓；21世纪，计算机技术飞速发展、互联网兴起，结合两者的通信设备制造业站在了一个智能数字新时代的关键节点，这也是全世界在5G领域争抢领先地位的根本原因。

据了解，目前，全球通信设备制造领域的市场份额主要集中于华为、诺基亚、爱立信、思科和中兴通讯这前五家行业优秀企业，它们合计占整个市场份额的比例超过70%。其中，华为作为一家在1987年才成立的中国公司，经过三十多年的努力，凭借技术研发的优势，在世界通信设备市场崛起，后来居上，成为全球领先的信息通信技术（ICT）基础设施和智能终端提供商。

同时，正由于华为、中兴通讯等中国通信业制造公司在5G领域的技术领先，近年来，美国政府开始使用非常手段直接干预、打压这些企业，企图遏制其业务发展。这完全是违反商业规则的行为，并且，从近代历史发展进程来看，任何试图阻止科学技术进步的力量终将被瓦解。

尽管如此，华为2018年仍实现销售收入7212.02亿元，同比增长19.5%，净利润593.45亿元。三大块业务中，运营商业务收入2940.12亿元，消费者业务收入3488.52亿元，企业业务收入744.09亿元。到2020年，华为年报显示2020年全年实现销售收入8913.68亿元，同比增长3.8%，净利润646亿元，同比增长3.2%。三大业务销售收入分别是：消费者业务4829.16亿元，同比增长3.3%；运营商业务3026.21亿元，同比增长0.2%；企业业务1003.39亿元，同比增长23%。

华为在通信设备制造行业具备的优势得益于长期在技术研发方面的巨大投入，每年研发费用超过当年营收的10%，近十年来研发总投入已达4800亿元，成为全球最大的专利持有企业。截至2018年底，累计获得授权专利87805项，90%为发明专利，其中有11152项核心专利是在美国授权的，中国授权专利43371项。

在华为消费者业务板块中，作为当代数字经济和智能世界主要入口的手机业务在全球销量已位列前三；同时，华为还提出"1＋8＋N"全场景智慧化生态战略，拟打造智能家居、智能车载等智慧生活体验。

虽然华为不断延伸其产业链，但这一切仍然是建立在5G通信技术的基础上。华为称其持续投入5G研发已超过十年，因此获得率先构建5G规模商用系统的能力，产品做到了性能至强、站点极简、维护更智能，而且还能为客户提供很多独一无二的价值，比如通过独有的核心技术，将微波传输能力从传统的1 Gbps大幅提升到20 Gbps，使5G基站可以不用光纤，用微波就能实现超宽带回传，在充分发挥5G站点效用的情况下实现低成本快速部署。

不过，华为并没有在证券市场发行股票，投资人无法分享其发展红利，但中兴通讯的股票则可以在深交所和港交所买到。

当然，除了中兴通讯外，如果要参与5G技术及其上下游产业链带来的投资机会，可以挖掘通信制造行业各个细分领域的优秀公司。如5G上游原材料公司，你可以去芯片、光器件、射频器件、光纤光缆这些细分行业中寻找；中游包括传输设备商、网络优化商、基站天线以及其他配套设备供应商的公司；下游包括物联网、工业互联网及智慧城市等应用场景及与场景相关的产品和服务提供商。

目前我还没有投资任何一家通信领域的公司，但我在寻找，如果发现好的公司，我一定会投资。

对于通信制造业公司的投资，需要注意的是：该行业都是大体量公司之间的竞争，技术创新上有相互赶超的现象，而摩尔定律依然在推动技术升级。你想想，PC机的功能目前有多少已出现在智能手机上？因此，华为等公司才会不断投入研发，进而形成大量的专利壁垒，以阻挡竞争对手。另一个要注意的是，智能终端设备使用的便利性，也会在品牌与适用性上占领消费者的心智，给竞争者带来挑战。

> 制造业：从3.0到4.0 **7**
MANUFACTURING: UPDATING FROM 3.0 TO 4.0

## 世界各国的工业4.0计划

当然，以我的年纪想要了解这些领域的资讯并不容易，但幸运的是，我毕业于耶鲁大学历史系，所以对于工业发展史还算有一定认识。

一般认为，工业化推动了现代社会发展，从18世纪中叶的英国开始，这场工业化的运动便席卷全球。第一次工业革命（工业1.0）是由蒸汽机的产生开始的，让人们摆脱了对农业耕作的依赖；电的产生与广泛使用，诞生了电气时代，钢铁、化工、汽车等重工业兴起，这是第二次工业革命（工业2.0）；第三次工业革命（工业3.0）是20世纪第二次世界大战之后，全球资源被广泛使用与交换，信息作用日渐凸显，信息时代来临。

目前，我们正处在工业4.0阶段，也说是智能化时代，它的特征是利用信息技术提升人类的工业化水平。这个概念是2011年德国首次提出的，2013年在汉诺威工业博览会上被作为一项国家计划正式启动。据了解，当时的工业4.0项目是由德国联邦教研部与联邦经济技术部联手资助，并在德国工程院、西门子等学术界和产业界部门的推动下形成，最后上升为国家级战略，德国政府投入2亿欧元。

德国学术界和产业界认为，工业4.0是以智能制造为主导的第四次工业革命。通过充分利用信息通信技术和网络空间虚拟系统-信息物理系统（Cyber-Physical System，CPS）相结合的方式，重塑原有工业制造模式，推动制造业向智能化转型。主要包括智能工厂、智能生产和智能物流三大主题。

153

18世纪以来，三次工业革命使全球资源与自然环境持续恶化，第四次工业革命由于着力点更多地是在现有的工业基础上，提升自然资源利用率，减少不可再生资源的使用，因此被称为绿色工业革命。为了紧跟这次工业革命的步伐，提升工业化发展水平，世界各国都在结合自身优势，提出各自的制造业发展规划。

与德国不同，美国版的工业4.0是金融危机后提出的一系列国家计划，如"重整美国制造业框架""先进制造业国家战略计划"等，鼓励本土企业回归，提出发展先进生产技术平台、先进制造工艺及设计、数据基础设施等先进数字化制造技术，利用在芯片、软件、互联网的领先优势，鼓励创新并通过信息技术重塑工业格局，如2012年，美国制造业龙头GE（通用电气公司）提出的"工业互联网"概念。这与德国工业4.0改造现有制造业的思路不同。

近年来，美国政府致力于帮助本土公司回流，这对中国来说肯定不是好消息，短期会造成一些影响，但在美国发展企业是非常昂贵的，短期政策不能解决长期问题，只能制造麻烦。制造业选择中国是因为中国在这方面有优势，存在更广阔的发展空间、更低廉的成本等因素，而美国公布这样的政策最终会给自己带来麻烦，而他们却认为自己正在做对的事情。

此外，世界各国也相继推出各自的制造业发展计划。如韩国2009年的"新增长动力规划"、英国2013年的"工业2050战略"、印度2014年的"印度制造计划"、日本2015年的"新机器人战略计划"。

> 制造业：从3.0到4.0

MANUFACTURING: UPDATING FROM 3.0 TO 4.0

# 看清"中国智造"的轨迹

### 制造业强国目标

作为发展中国家的中国，就产量、规模来说，现在已是全球的制造业大国，制造业体系比较完整，虽不具备德国那样的传统工业基础，也没有美国那样引领世界的信息科技，但中国追赶的速度并不慢。

2015年，中国推出"中国制造2025"规划；2017年发布《新一代人工智能发展规划》；2019年中国正式发放5G商用牌照；2020年中国提出加快新型基础建设的进度，主要范畴包括5G基站、大数据中心、人工智能、工业互联网、特高压等领域的建设。

我们可以预见，万物互联的基础设施即将成型，中国的信息技术产业即将迎来大爆发，而这将彻底改变中国的面貌。按照中国政府的规划，是要把自主创新的先进工业技术与信息技术进行融合，让二者共同提高，以此促进整个工业制造领域转型升级；同时不忘强化基础工业与绿色环保，最终实现让中国从制造业大国变为制造业强国的目标。

### 人工智能驱动产业变革

通过近年来的发展，中国先进制造业首先在信息通信技术领域实现赶超，成为行业引领者，以华为、中兴等为代表的通信设备制造商已经开始5G的大规模部署。通信产业作为全球数字经济和智能世界的

> **中国赛道**
> 投资大师罗杰斯谈中国未来趋势 >>

基石,眼下已迎来历史性的发展机遇,全球运营商正积极发展以5G和人工智能(AI)为代表的新技术。

人工智能原本是计算机领域的一门学科,自1956年麦卡锡、明斯基等科学家在达特茅斯会议上首次提出人工智能的概念以来,人工智能已经历多个阶段的发展,2011年终于迎来蓬勃发展的时期。2016年,一场人工智能与人类的"对决"令全球瞩目,阿尔法狗(Alpha-Go)战胜世界顶级围棋棋手李世石,世界为之震动。

作为新一轮科技革命和产业变革的核心驱动力,人工智能在与传统的基础设施融合中也有广泛的应用场景,将为传统产业的转型升级提供巨大推动力。我们可以想到的所有传统产业都有和人工智能相结合的可能,甚至在我们想象不到的领域,这样的变革也已经发生。

在新技术领域,中国的机器视觉技术快速发展,有后来居上的势头。虽然机器视觉技术在北美、欧洲和日本等地区率先发展,但21世纪后,少数中国机器视觉公司逐渐走上自主研发的道路,目前中国机器视觉技术已领先全球。在A股上市公司中,海康威视和大华股份分别占据全球智能安防企业的第一名和第四名。

人工智能与智能制造也是密不可分的"一对",比如工业机器人的使用。随着机器人性能不断提升,它们正在被广泛应用于各种场景,目前,中国工业机器人市场约占全球市场份额的三分之一。我们都知道日本是较早应用工业机器人的国家,但时至今日,中国已成为全球第一大工业机器人应用市场,2019年新安装的工业机器人数量几乎是第二名日本的3倍。

但是另一方面，中国工业机器人的密度相比发达国家仍有较大差距。作为世界工厂的中国，未来三到五年，工业机器人密度有望逐渐追平日本、德国，这也就意味着中国工业机器人市场将在未来很长一段时间内，稳居世界第一。

人工智能产业的发展需要巨量的资金投入，2019年中国在人工智能领域研发投入额约为5192亿美元，仅次于美国，并且差距正在缩小。中国在这方面的投入也取得了很好的成果，截至2019年，中国的人工智能技术专利申请数量达11万项，位居世界第一，远超位于第二的美国。

虽然在芯片这个人工智能核心领域，国际芯片巨头英特尔（Intel）、高通等已基本构建了完整的产业链，中国暂时还难以与巨头抗衡，但是中国的科技公司也在不断推出自主研发的芯片，追赶那些巨头的脚步越来越快了。

总的来看，作为全球最大的人工智能应用市场，中国智能制造发展空间巨大。我非常看好中国在人工智能领域的发展，也非常关注这个领域的优秀公司，对于投资这一领域我并不着急，因为这一切才刚刚开始。

**云计算带来高增长**

万物互联就会产生无穷的历史和实时的数据，就更加需要计算机的计算能力。芯片、云计算的重要性就凸显出来。

云计算在过去十年增长迅猛，全球云计算市场规模增长了数倍。

> **中国赛道**
> 投资大师罗杰斯谈中国未来趋势 >>

根据 Gartner 预测，2019 年以 IaaS、PaaS 和 SaaS 为代表的全球云计算市场规模达 1883 亿美元，增速 20.86%，预计未来几年市场平均增长率在 18% 左右，到 2030 年市场规模将超过 3500 亿美元。

中国云计算市场从最初的十几亿增长到现在的千亿规模，据中国信息通信研究院统计，2019 年，中国公有云 IaaS 市场规模为 453 亿元，同比增长 67.4%。可以看出，中国云计算市场的规模增速相当快，远远高于全球市场的增速。

智能手机在中国的普及、5G 移动互联网的成型，对云计算数据中心的需求更是迫切。大量的手机 App 都部署在云计算平台上，云计算正在赋能越来越多的移动互联网产品，如手机地图、视频、游戏等等，还包括在疫情期间高速增长的在线教育、远程办公等需求，这些都令中国的云计算领域呈现快速增长的态势。

我不是一个技术狂人，那些数据运算公式还是应该交给专业的科学家和工程师们。中国每年都有大量优秀的工程师走入岗位，他们对于科技的理解比我要深入得多，而我只是看到了这个领域巨大的发展空间。

我认为，在中国庞大的市场需求下、在 5G 万物互联的建设中、在中国政府与企业的大力投入下，中国云计算正在高速发展。未来，通过不断创新，中国将在更大范围内整合和促使传统产业转型升级，再过十年，中国的改变将是无法想象的。这也在不断印证我在之前做出的"21 世纪是属于中国的"判断。

> 制造业：从3.0到4.0

MANUFACTURING: UPDATING FROM 3.0 TO 4.0

## "智造"升级加速

据了解，智能制造和工业互联网的融合应用场景多样，如无人机、超高清视频、AR/VR（增强现实/虚拟现实）、远程控制、机器视觉等。而中国早已在加速推进这些方面的应用：一是制造业数字化的普及应用。截至2020年6月，企业数字化研发设计工具普及率和关键工序数控化率分别达到71.5%和51.5%。二是"互联网＋制造业"新模式不断涌现。开展网络化协同、服务型制造和个性化定制的企业比例分别为37.9%、27.9%和9.8%。大规模个性化定制在服装、家具等行业加快推广，协同研发制造在汽车、航空、航天等高端制造领域日益兴起。

工业互联网发展已迈出实质性步伐，广泛应用于石油、石化、钢铁、家电、服装、机械、能源等行业。中国具有一定行业和区域影响力的工业互联网平台总数超过了50家，重点平台平均连接的设备数量达59万台。

随着人工智能、云计算、大数据等信息技术的进步，大量资本进入，加上中国各项政策的扶持，2019年，中国互联网和相关服务业保持较快增长态势，业务收入和利润保持较快增长，研发投入快速提升，业务模式不断创新拓展，对数字经济发展的支撑作用不断增强。

工信部2019—2020年数据显示，中国规模以上互联网企业实现的业务收入分别为12061亿元、12838亿元，同比增长21.4%和12.5%。其中，随着5G、云计算、大数据和人工智能等新技术应用加快，新型基础设施建设进入快速增长期，2020年拉动互联网数据服务（含数据中心业务、云计算业务等）实现收入2376亿元，同比增长9.2%，固定

> **中国赛道**
> 投资大师罗杰斯谈中国未来趋势 >>

增值业务实现收入1743亿元，比上年增长26.9%。

2019年全球经济增长开始放缓，2020年受新冠肺炎疫情影响更是遭遇重创，但中国经济仍领涨全球，提振了世界经济的信心。制造业是一个国家实力的象征，中国正在该领域加速赶超，其中高端装备制造、5G领域更是出现了很多破土而出、日益茁壮的"绿芽"，很多优秀的公司已经在证券市场被投资者追捧。然而这只是个开始，未来还有很大的发展空间，现在的"绿芽"，有朝一日终将长成参天大树。

# 8

# 超乎想象的文化创意产业

INCREDIBLE CULTURAL AND
CREATIVE INDUSTRIES

2019年春节之际，中央电视台《经典咏流传》栏目来了两个美国小姑娘，她们金发碧眼，却字正腔圆地演唱了一首《声律启蒙》，而她们的父亲就是国际投资家吉姆·罗杰斯。罗杰斯非常喜爱中国文化，面对中国庞大的文化消费市场，罗杰斯如何把握未来的发展趋势与投资机会？其中的细分领域和行业，有哪些值得关注的重点？罗杰斯对于中国文化的喜爱体现在他对子女的教育当中，而教育也是中国家庭最重视的一部分。这一章我们还将看到他对市场环境下中国教育行业发展的分析，以及他对此项投资的提醒。

## 文化的魅力

我发现,"文化"这个词,好似大家都知道是什么意思,但要明确其含义和所包括的具体类别、范围,就有点语焉不详了。文学、电影、绘画、音乐是文化,喝茶、喝咖啡、做手工等看似平常生活中的琐事,也可以是文化,可以说文化无处不在。也有观点认为,文化是人类才具有的,是人类种族在生存繁衍过程中逐渐发展形成的,是一种精神层面的东西。社会生活中,文化不仅具有维护种族内部秩序的作用,如伦理道德与法律,也为族群中的人们提供行动的方向与指南。当然,一个种族之所以能够长期延续下去,文化的传承是必需的,因为其中有前人总结的生存智慧与自然法则。

通过了解不同的文化,我可以明白一个国家或民族的历史、习俗、生活方式、思维习惯、价值取向。不管在什么地方,不管是什么肤色的,不管有怎样的生活方式,作为同一物种,既然都在同一个星球上,我们肯定有许多方面是共通的、类似的,我想这也是全世界的人们能够互相沟通与交流的根本所在。

全球化已是现代人普遍共识,尊重、理解不同文化也是受过教育的人应有的素养。文化没有好坏之分,也没有高下之别,只有每个人喜欢与不喜欢、适应与不适应的不同,但文化是否多元却能显示出一个社会的包容度与丰富性。比如中国是一个多民族的国家,每个民族都能在一起和谐相处；美国是一个移民国家，居住着来自全世界各个民族的人，不同文化在这里融合发展。

随着不同文化之间的交流，一些文化的内涵被充实，一些文化在改变，这说明文化是不断变化的，促成变化的原因往往是多种文化之间的差异。在人类的历史长河中，不同文化的冲突与交融，也反映出社会的文明与进步。近代西方工业革命席卷全球，带给中国的，也是一次文化上的冲击。

中国有着悠久的历史文化，是四大文明古国之一，曾经对世界产生过深远影响。比如中国四大古典文学名著之一《西游记》，据我所知，世界上几乎每个人都知道这本小说；另外，中国的瓷文化、茶文化、饮食文化也是影响深远的。现代中国正在努力建设、发扬、复兴中国文化。

我喜欢中国文化，我认为中国文化有美好的未来。美国有好莱坞电影，韩国有嘻哈（Hiphop），中国的文化将会真正走向世界，一定会这样的。

## 从文化到文创产业

文化创意产业（Cultural and Creative Industries，CACI）则与传承下来的传统文化有一些不同。一些国家的传统文化并不能融入现代的商业社会，其中沉淀的智慧养分还有待挖掘和创新，现在说的文化创意产业更多的是经济全球化的产物，生产出的产品是有经济利益诉求的，更多的是消费品，需要它为人们的生活创造更多价值，带来更多

> 超乎想象的文化创意产业 8
INCREDIBLE CULTURAL AND CREATIVE INDUSTRIES

快乐。

## 世界各国文创产业特色

据了解，目前全球文化创意产业市场中，欧美国家占据了相当大的份额，美国排在第一位，英国、日本、韩国紧随其后。美国文化创意产业产值在GDP中占比超过15%，好莱坞电影、迪士尼主题公园等文化产品在全世界都有很大影响；英国则在设计、广告、建筑等艺术传播方面比较强；日本动漫与韩国游戏、影视剧则为大家所熟悉。

其实，文化创意产业的发展与国家的经济实力是高度相关的，文化创意产业，如广播影视、动漫、传媒、工艺与设计、环境艺术、服装设计、软件和计算机服务等门类都是发达国家完成了工业化后，向高附加值产业迁移而产生的。

自然而然地，欧美文化与工业社会文化相结合，通过全球扩张，使发达国家的文化影响到了世界其他国家和地区。虽然中国有着悠久的历史文化，但面对外来文化涌入，冲击难以避免，随之也带来改变。随着中国经济实力的提高，民众的文化需求逐渐增多，从而使文化产业的发展加速。

除了众所周知的美国迪士尼和好莱坞，韩国音乐也取得了巨大的成功，韩剧也很成功，赚了很多钱。三十多年前，巴西的肥皂剧很受欢迎，当时很多人都在看。我非常肯定的是，中国也会有令人兴奋的音乐或戏剧，在未来更多地传播到世界各地。

## 中国文创产业在路上

中国政府也在推动文化发展，2016年的《中华人民共和国国民经济和社会发展第十三个五年规划纲要》中提出：推进文化事业和文化产业双轮驱动，实施重大文化工程和文化名家工程，为全体人民提供昂扬向上、多姿多彩、怡养情怀的精神食粮；加快发展网络视听、移动多媒体、数字出版、动漫游戏等新兴产业，推动出版发行、影视制作、工艺美术等传统产业转型升级。

同时，规划中还提出：推进文化业态创新，大力发展创意文化产业，促进文化与科技、信息、旅游、体育、金融等产业融合发展；推动文化企业兼并重组，扶持中小微文化企业发展；加快全国有线电视网络整合和智能化建设；扩大和引导文化消费。

就文化消费市场的规模来说，如果某个文化产品在中国变得炙手可热，其经济价值是超乎想象的，毕竟中国有14亿人。自身的市场基数足够大，加上高科技与互联网的迅猛发展，中国文化能走向世界的话，将开拓出更大的市场空间。

中国国家统计局数据显示，2019年中国文化及相关产业增加值已达44363亿元，同比增长7.8%，占GDP的比重为4.5%，比上一年提高0.02个百分点。

我认为，中国文化产业发展还在路上，但中国必将成为影响世界的下一个伟大国家。尽管中国在成长和壮大的过程中，会遇到一些阻碍，但这个趋势是难以改变的，美国在成为20世纪最成功国家的路

> 超乎想象的文化创意产业
INCREDIBLE CULTURAL AND CREATIVE INDUSTRIES

上,也遇到了许多问题。所以,现在你所要观察的是中国的一切是否在世界上变得越来越重要,包括文化、制造业、金融业等所有方面。

我一直对中国的文化非常着迷,也曾经收藏过一些中国的古董,当然我并不是这方面的行家,但对于东方之美实在无法拒绝。我曾经多次去过敦煌,那些精美绝伦的壁画是我用语言无法形容的,中国人多么心灵手巧。我的两个女儿小蜜蜂和快乐,也对中国文化非常着迷,除了从小学习中文,在新加坡她们也有更多机会接触中国文化。在我的家里有很多中国书籍,有经典名著,也有时下受欢迎的书,两个女儿都曾用中文参加过舞台剧的演出。2018、2019年她们曾经参与录制CCTV《经典咏流传》栏目,我和太太也一起参与了录制。2019年,《经典咏流传》栏目组特意带我和小蜜蜂一起去了甘肃省天祝藏族自治县,我们在那里看到了保存最完整的《西游记》壁画。刚好小蜜蜂5岁的时候曾在音乐剧里演猪八戒的一个帮手,我给她们买了《西游记》,我也读过这本中国名著。我还知道《白蛇传》的故事。这些故事充满想象力,是中国文化和智慧的体现。小蜜蜂还曾经参演过一部中国院线电影,虽然镜头不多,但我为她感到骄傲。现在她们在中国也开始有点小名气了,我很感谢中国观众喜欢她们。

现在我非常肯定,我们做了正确的决定。我现在还能回想起很多年前我带着快乐参加一些活动时,在场观众听到快乐流利地说中文时惊讶的表情,很多时候我的演讲都是由快乐来做翻译的。我的朋友们也从最开始的不理解到后来的肯定,再到自己也让孩子去学习中文、中国文化了。

能够具有深远影响力的文化是厚重、丰富的,我自己在接触中国文化时，很能感受到其中的底蕴，也时常能从中国的故事里得到启示，相信很多外国人在接触中国文化时也会有这样的感受。随着中国经济的发展和实力的增强，会有越来越多的人注意到中国，也会从被动变成主动地了解中国。我相信这种主动的关注会从中文发展到更多的领域，比如历史、诗歌、音乐、服装等等，未来我们会在世界越来越多的地方看到中国元素。

## 文旅产业的巨大商业价值

旅游行业的成功项目，往往在世界范围内拥有巨大商业价值。据我了解，2017年全球旅游业收入接近6万亿美元，约占全球GDP的10%，增速超过全球经济平均水平；近五年来，全球旅游市场收入年复合增长率为6%，预计2022年全球旅游市场收入达8万亿美元。

旅游消费不仅直接拉动民航、铁路等交通业的收入，对与生活起居相关的住宿、餐饮、零售商业等服务业的繁荣也有决定性作用。由此还延伸出旅游信息查询、文化创意、影视会展、国际金融结算等一系列相关产业，甚至对旅游地的品牌知名度、景区周边基础设施以及当地人就业，都能带来相当大的提升，并且很环保，是一项绿色产业。

近年来，随着全球旅游业的兴起，特别是中国游客的大幅增加，各国都在积极推动当地旅游业发展，加大对中国游客的宣传力度。

中国文化和旅游部数据显示，中国国内旅游人次从2010年的21.03亿人次，增长到2019年的60.06亿人次，九年来旅游人次的增速持续超过10%，带来的国内旅游收入也从2010年的1.26万亿元增长到

2019年的6.63万亿元。2019年入境旅游人数1.45亿人次，比上年同期增长2.9%；出境旅游人数1.55亿人次，比上年同期增长3.3%。

这样的增速与收入规模，绝对是全球第一的，难怪全世界都想做中国人的旅游生意，中国旅游业有着广阔的前景。中国在短短几十年间，就创造出这么大的旅游市场，我简直无法想象未来在亚洲会出现多么大的市场。我对此很乐观，也很兴奋。

## 景　区

中国有1万多个A级景区，2019年接待人数超过64.75亿人次，旅游收入达5065.72亿元，仍在持续增长。其中的自然景区具有稀缺性和不可替代性，但这也是其短板，其依赖的地理、位置等自然条件比较有限且难以复制，只能通过提升固有的基础设施、酒店、住宿等服务来帮助提升营收，未来业绩持续增长的空间有限。

因此，我更看好人工景区具有的无限文化创意、受年轻人欢迎、可连锁复制的特点，如迪士尼主题公园、美国环球影城等，它们都是通过创作的影视文化作品风靡世界后，再以连锁经营的形式进行全球扩张，经营规模一直在全球主题公园排名中居前。

## 主题公园

主题公园的形式在20世纪50年代起源于欧洲，美国将其发展到全世界，不但传播了文化，也创造出惊人的商业成就。中国的主题公园是在改革开放后才开始起步的，但发展迅速，结合自身悠久历史文化所开发的旅游产品很受欢迎，且运营方式日渐成熟。随着中国旅游市场需求的增长，迪士尼、环球影城也陆续登陆中国。

按照客流量大小排名，2018年全球排名前十位的主题公园集团是迪士尼（美国）、默林娱乐（英国）、环球影城（美国）、华侨城（中国）、华强方特（中国）、长隆（中国）、六旗（美国）、雪松娱乐（美国）、海洋世界（美国）、团聚（西班牙）。中国的华侨城、华强方特、长隆集团分别位列全球主题公园集团第四、第五、第六位。

相关资料显示，2018年中国主题公园实现销售收入465.4亿元，同比增速17.7%，2020年，中国主题公园游客总量有望达到2.3亿人次，超越美国成为全球主题公园第一大市场。如果要在旅游业投资，中国市场不容错过。在已上市的公司中，主题公园经营比较突出的要数华侨城A、华强方特、海昌海洋公园、宋城演艺等。

华侨城A是从微缩景观公园开始起步的，比如早期的"锦绣中华""中华民俗文化村"，之后转型到互动娱乐型，比如"欢乐谷"，开发出生态度假和都市娱乐等不同类型的旅游项目。其中，多地连锁经营的"欢乐谷"规模惊人。经营模式采用"旅游+"协同发展模式，提出"文化+旅游+城镇化"战略，以主题公园为核心，通过产品创新，促进区域城镇化发展。

宋城演艺是演艺主题公园，打造了"宋城"和"千古情"品牌。从演艺产业链延伸出旅游休闲、现场娱乐、互联网娱乐等领域，创造了世界演艺市场的五个第一：剧院数第一、座位数第一、年演出场次第一、年观众人次第一、年演出利润第一。旗下拥有74个各类型剧院、17.5万个座位，超过世界两大戏剧中心伦敦西区和美国百老汇全部座位数的总和。

> 超乎想象的文化创意产业
INCREDIBLE CULTURAL AND CREATIVE INDUSTRIES

**航空业**

我说过，旅游行业可以带动的产业很多，除了深入了解主题公园这个细分行业的上市公司外，受中国旅游业迅速发展的影响，我认为航空股的投资机会同样不容错过。

相较其他行业，航空公司盈利并不算高。航空运输产品同质化，无外乎运人或运货，且运输行业涉及公共服务，政府有比较严格的管制，如机票的价格管制，并且购买飞机前期投入高，造成航空公司的资产周转率较低。

另外，航空公司前期投入购买飞机都是借钱购买，贷款及融资性租赁需承担极大的负债利息，飞行消耗的燃油也是不小的运营成本，估计占到营业成本的30%，并且受国际油价波动影响，因此业绩具有较大的波动性。

不过，航空业属于周期性和消费性行业，与宏观经济周期密切相关，随着经济持续增长，中国乘坐飞机出行的人数会越来越多。有预测显示，2024年中国旅客运输需求将超过美国，成为全球最大的航空客运市场。

目前中国的民航业已经形成中国国航、东方航空、南方航空为主导的，多家航空公司并存的竞争格局。三大国有控股航空集团占据中国客货运输市场较大份额，并且三家公司已位居世界前十大航空公司之列。由于中国高铁覆盖的地区越来越大，对航空客运有所分流，而其他区域性和特色航空公司凭借各自优势占据细分领域，比如低成本航空公司加大中短途国际市场开拓力度，因此，国内航空业竞争将不断加剧。

中国国航是中国规模最大，也最赚钱的一家航空公司。在中国国内的机票价格上，中国国航比同行业公司略高，原因在于其拥有高价值、提价弹性最大的国内航线资源，国际航线占比也是最高的。我就拥有中国国航的股票。同时，随着中国机票价格改革政策实施，以及拥有的行业内资源优势，中国国航未来的发展空间应该不小。

南方航空也是一家不错的中国航空公司，是中国运输飞机数量最多、航线网络最发达、年客运量最大的航空公司，机队规模和旅客运输量居亚洲第一、世界前列。

因为看好中国旅游业的发展前景，我在乘坐中国航班的时候，特别注意比较这三家公司的服务与口碑，我觉得都很不错，但综合考虑后，我买了中国国航的股票。

不过，2020年新冠肺炎疫情在全世界蔓延，各国纷纷采取措施防止疫情扩散，暂停出行与聚众娱乐，全球旅游业与航空业遭遇重创。

在新冠肺炎疫情全球蔓延的情况下，本就不振的全球经济复苏更加艰难，而中国举国上下齐心协力将疫情的影响降到了最低。目前来看，占全球人口20%的中国人感染病毒的数量是相当低的。同时，政府积极出台举措，也使经济保持了稳定。现在，因疫情暂停运营的航空出行与主题公园、电影院等相关公司都恢复了运营，疫情带来的负面影响正在减弱。中国和世界上很多国家都已经研制出疫苗，效果喜人，相信人类很快就能彻底战胜新冠病毒。

> 超乎想象的文化创意产业
INCREDIBLE CULTURAL AND CREATIVE INDUSTRIES

除了传统的旅游项目，旅游行业会不会有其他创新的可能呢？当然，每个行业都有创新的空间，人类的想象力会带我们去任何地方。作为我个人，一个经常出行、总是喜欢尝试新鲜事物的人来说，能够去到我没去过的地方，一直是对我最大的吸引力。埃隆·马斯克提出的火星移民计划，听起来很疯狂，但的确给我们提出了一个我们从未想过的新的目的地，我没想过移民火星，但如果真的可以去看看，我还是很愿意尝试。不过除了吸引我的目的地，我还关注具体的条件，比如价格、速度、安全性、舒适度等等。如果不需要太长时间，我会去的，还会和我的家人一起。看似疯狂的想法很可能是可以实现的，我相信未来我可以去火星旅行，但我很好奇有多少人会和我一样。

## 高风险、高收益的影视娱乐

现在的影视娱乐节目我看得不多，我不懂中文，对中国影视娱乐节目就更不了解了。但我知道娱乐节目为了迎合大众的口味，需要在内容上不断产生创意，这个行业的经营特点就是高风险、高收益，一旦内容获得了大家的喜欢，带来的利润是相当丰厚的。因此，如果你能发现有持续创新能力的团队或艺术家，投资他们一定能赚大钱。

创意是娱乐内容产业的核心，不管以文学、电影、音乐、综艺、动漫、游戏等哪种方式来体现，都需要给消费者带来一种体验，受欢迎的程度就决定投资的成败。其中的影视行业相对来说，具有前期投入较大、制作周期长、回报不确定性高等特点，属于重资产行业。

从产业链角度来看，影视行业的上游为内容生产，也就是产生创

> **中国赛道**
> 投资大师罗杰斯谈中国未来趋势 >>

意后，制作成电影、电视或戏剧等形式的作品。这个阶段属于投入期。不管是否能够卖出作品，创作者都拥有产品的版权，谁拥有版权也表明谁拥有版权带来的收益。

电影院、电视台、视频内容网站等产业链中游公司利用放映发行的渠道，通过宣传等营销手段来吸引大众，大家花钱消费就算完成了一部影视作品的生命周期，这个环节也是需要建电影院、电视台等资产投入的。下游公司对已经播放的影视节目，再进一步传播和延伸，如引入广告，影视人物玩偶、道具等衍生品的销售。实力强的公司则拥有整个产业链，自己投入制作、发行与销售。

以电影为例，近年来，中国电影市场规模持续增长。2019年实现票房642.66亿元，较上年增长5.4%，稳居全球影业第二，市场份额达到21%。其中，中国国产影片票房411.75亿元，占总票房的64.07%，全年票房过亿元的影片中，国产影片48部。

截至2019年底，中国有影院12408家，银幕总数69787块，银幕数量处于全球领先地位。不过具体到银幕覆盖率，中国与欧美国家还有很大差距，欧洲电影银幕覆盖率是1.3万人/块，美国是0.65万人/块，考虑到中国人口情况，中国电影银幕覆盖率应该在1万人/块左右，同时考虑到城镇人口增长，对应的屏幕数量应该在8万—10万块，这个数量意味着仍有巨大的提升空间。

相较于中国电影票房的持续增长，2019年北美电影票房为114亿美元，同比下降4.2%，北美票房在全球市场中的占比由2018年的30%降至26.8%，但仍维持在历史高位。美国电影票房排名前十的影片占了总票房的50%，迪士尼出品占据7席。这与迪士尼近年来的并购有关，它先后并购了 ABC（美国广播公司）、FOX（福克斯）、皮克斯动画、漫威等公司。

中国电影集团公司则是中国的电影业龙头，具有国资背景，主营影视制作、电影发行、电影放映、影视服务，四大业务贯穿行业全产业链。公司旗下的中影数字制作基地是亚洲地区规模最大、技术最先进、设施最完善的影视制作基地之一，拥有完善的电影制作能力和具有国际领先水平的技术专家队伍。

2019 年，中国电影集团公司实现营收 90.68 亿元，同比增长 0.34%，实现归属于上市公司股东的净利润 10.61 亿元，同比下降约 29%（利润下滑主要是因为 2018 年有较大的股权溢价）；公司合并总资产 172.59 亿元，较上年增长 5.64%，净资产 129.38 亿元，较年初增长 7.68%，其中归属于上市公司股东净资产 119.93 亿元，较年初增长 7.33%。

2020 年上半年因为疫情影响，影视行业整体受到巨大影响，该公司利润出现断崖式下跌，但随着疫情得到控制，目前中国电影市场已逐步恢复正常。

另外，侵权盗版在互联网的日益普及下，严重侵害影视版权利益，这已是全球性的问题。中国政府近年来逐步完善知识产权保护体系，加强打击盗版执法力度，在保护知识产权方面取得了明显的成效，但这是一个长期的过程。

还有一点非常重要，在中国想要投资影视行业，你需要知道，电影、电视行业作为具有意识形态特殊属性的重要产业，受中国有关法律、法规及政策的监管，而近些年随着中国产业政策逐步放宽，新进入的企业增多，引进的国外电影、电视剧也在增多，使中国影视行业整体竞争有所加剧。

## 互联网的娱乐世界

### 在线视频

近年来，互联网与智能手机等技术不断提高，应用范围越来越广，互联网在线视频服务商崛起，用户规模增长迅速，这对传统的影院、电视台等发行放映渠道带来较大冲击。在传统电影院的上座率持续下滑的背景下，影院与银幕数量却在不断增长，说明发行市场存在上升空间，行业竞争也会不断加剧。

据了解，2018年中国在线视频行业的市场规模已超千亿元，同比增长达39%；人均每周上网时长达27.6小时，其中网络视频以12.8%的使用时长占比位居第二；同时，在线视频用户付费习惯正在养成，在线视频付费市场规模超350亿元；2019年在线视频行业持续发展，市场规模同比增长约20%；2020年突如其来的疫情使很多人隔离在家中，导致对在线视频的需求呈现爆发式增长，全年中国在线视频行业市场规模已超1500亿元。

随着大型互联网公司对文化娱乐产业的渗透，以及5G、云计算、人工智能、虚拟现实等新技术的应用，发行市场的行业格局正在产生新的变化，但是不管发行渠道怎么改变，创意产业的核心仍是内容

> 超乎想象的文化创意产业

INCREDIBLE CULTURAL AND CREATIVE INDUSTRIES

制造。

互联网在线视频平台之间的竞争，除了在技术和商业模式上不断完善，原创、独家内容制造仍是提高用户黏性与付费用户转化率的关键，比如说创作出能让大家喜欢的热点节目。所以互联网在线平台不断向上游内容制造延伸，近些年也不断加大在这方面的投入。

互联网在线视频发展迅猛，一方面是由于处于发展初期，另一方面是刚开始政府监管主要放在电影、电视台等传统领域，对其发展初期的管理较为宽松。2018年以来，互联网在线视频与传统电视台的内容审核标准趋于一致，一方面行业乱象得以规范，另一方面也引起用户行为变化，或将使在线视频平台往细分领域拓展、分化。

### 游戏产业

娱乐产业另一个比较大的市场是游戏产业。电子游戏最早起源于20世纪50年代的美国，目前韩国、日本的游戏产业发展得很好，中国游戏产业起步相对较晚，但增长迅速。经过二十多年的发展，中国电子游戏行业已进入稳定成熟期，市场格局比较稳定，手机游戏日益成为市场主流。近年来，随着政府对游戏行业进行规范管理，行业领头企业将受益。

数据显示，中国游戏用户规模在2018年已达6.26亿人，游戏市场销售收入达到2144.4亿元；2019年增至6.4亿人，销售收入2330.2亿元，增速为7.8%。随着移动互联网等技术的高速发展，移动游戏市场规模从2018年的1339.6亿元，增长至2019年的1513.7亿元。随着市场不断成熟，行业发展呈现稳定增长态势，其中腾讯、网易等公司成为游戏市场龙头。

不过对于我来说，这个行业即使发展得再好，我应该也不会涉足。我和你们说过，我不看电影，也几乎不看电视，我家里甚至没有电视机，当然，我更没有看视频的习惯，也许这方面我比较老套，但相比那些影像的内容，我还是更喜欢阅读。这完全是出于我个人的原因，我对新兴娱乐行业并没有太大的兴趣，那不是我的热情所在，因此，我对这类行业的投资很少。但如果你对在线视频、游戏、动漫感兴趣，你会更愿意研究行业的情况，了解很多别人不知道的变化趋势，那你就能在这个行业找到适合投资的公司，我相信在这方面，你会比我做得更好。

## 教育行业的投资

中国是文明古国，历来重视下一代人的教育，这既是中国传统文化的一个重要方面，也是每一个国家的繁荣发展所必需的。世界上绝大多数国家都设立义务教育（也称基础教育或简称K12），各国的经济发展水平与国民受教育程度不同，教育资源投入的多少，往往标志着一个国家社会文明发展的高度。

随着国民收入水平的提高，中国人均消费能力大大增强，同时市场化竞争对人才提出了更高要求。你可能已经注意到，除了政府出钱的义务教育部分外，不断演化出的教育市场新需求让民间投资日渐活跃。中国国家统计局数据显示，2019年中国居民人均消费支出21559元，比上年增长8.6%，其中，教育文化娱乐支出占比11.7%，你完全

> 超乎想象的文化创意产业

INCREDIBLE CULTURAL AND CREATIVE INDUSTRIES

可以想象这会产生多大的市场需求,这也是社会发展的必然。

四十多年来,除义务教育之外,中国教育延伸出了众多的细分行业,如民办学校、基础教育培训、职业教育、语言培训、素质教育、早幼教、出国留学、教育信息化等,这是中国经济发展到一定阶段出现的新需求,所有新兴国家可能都有这样的变化,同为亚洲国家的韩国也是如此。

我对中国教育市场进行观察后发现,幼儿园、基础教育培训、高等教育等细分领域具有较大的市场需求,并且似乎是一个刚性的需求,因为几乎所有父母都希望自己的孩子能更好地成长。其中的学科类与语言类培训是主流。另外,城市规模变大、人口增多,导致社会竞争加剧,求职、升学等资格考试促使职业教育需求上升明显,同时职业教育也受政府鼓励,社会需要更多有专业技能的人才,因此我对职业教育的未来发展更为看好。

此外,素质教育市场门类相对多元,除了传统的音乐、舞蹈等艺术门类之外,近些年编程、机器人等计算机门类,体育项目门类以及科学主题游学门类等也开始变得热门起来。这些门类准入门槛较低,教学成果相对不易标准化,目前市场参与者众多;不过,这些教育门类往往是在学生义务教育阶段进行,大多是占用业余时间学习,且收费较高,再加上政府近年连续出台管控政策,我认为未来发展空间不大。

就教育行业的商业模式来看,师资水平与授课方式决定服务质量的高低,经营开支的两项最大支出是教师薪酬和市场营销,教学场地多为租赁,同时客户通常是预先付费。这样的商业经营模式使教育类

> **中国赛道**
> 投资大师罗杰斯谈中国未来趋势 >>

公司具有轻资产运营的特点，现金流较为充足。但在教育行业细分领域中，教育信息化行业例外，这一类公司主要设计、生产、销售教学设备等硬件与软件产品，所以更像是设备制造业公司，需要制造出设备并在客户使用认可后才能结算货款，现金流并没有教育服务行业的公司充裕。

由于教育市场需求较快增长，近年来，市场竞争也有加剧趋势。我发现，规模较大的公司纷纷在证券市场上市融资。在港股市场募资的教育公司较多，已上市的数量接近20家，涉及细分领域的各个行业，品牌与市值规模较大的如新东方在线、中国东方教育、中教控股等。A股上市公司中则有中公教育、立思辰等。

值得注意的是，2020年初，新冠肺炎疫情促使中国在线教育方式渗透率迅速升高，大家越来越适应在家通过互联网来学习。原本线上授课与线下体验造成的差距将随着新一代人口越来越精通互联网技术而缩小，再加上5G通信技术在未来的全面商用，我想，线上教育将成为主要发展方向，同时直播是一个关注点。

对于教育行业的投资，需要注意的是，教育行业具有传承历史文化、体现社会公平以及公益性的属性，政府对其管控比较严格，相关政策的出台对行业发展方向会产生重大影响。现阶段教育行业细分领域较多，尽管在某一领域有少数强势公司已经出现，但行业集中度并不高，也许未来会有综合性的大型教育集团出现。

# 9

## "互联网++"的超级赛道

THE INTERNET++ SUPER TRACK

随着互联网技术的飞速发展，人们的生活方式正在发生深刻变化。互联网携手商品零售业，创造了繁荣的电商产业；"互联网+"改变了人们的商品消费习惯，进一步要改变的则是行业自身，并拉动其他产业数字化进程。数字经济与产业的全面融合升级正在发生，社会协作方式将发生巨大改变，这将引起人类历史上最彻底、规模最大的社会转型。对于这样的改变，罗杰斯对投资者有何建议？"互联网++"过程中哪些是突破口？延伸产业链上的增长点在哪里？结合以往对新兴产业的投资经验，他看到了什么隐藏的趋势？

## 数字化时代的互联网业态

现代人不管去哪里，一路上都会自觉或不自觉地查看自己随身携带的智能手机。这样的小动作，估计很少人能够避免，除非没带手机。没办法，每到一个陌生城市，你都需要手机里的地图软件帮你确定方位，在中国你需要《大众点评》等App来寻找附近的餐厅、酒店。

当然，只要有智能手机，就能够随时随地通过周围覆盖的移动通信网络，与亲人、朋友、同事联络，进行手机购物，以及看新闻、娱乐等。不管怎样，对于我这样一个喜欢在全世界跑的人来说，这真是太方便了。

自从20世纪末电脑被广泛使用后，互联网的诞生让人与人之间的联系更高效了；智能手机与移动通信技术则更进一步，让人们的联系更紧密，而这一切的实现只花了二十年的时间；近年来，移动互联网更以其便捷性、开放性、高效性等优势，开始高速演进、持续迭代，5G移动通信技术大规模商用已来到眼前。

### 电子商务

移动互联网与智能手机的普及，让人随时随地交易，足不出户即可了解商品信息，买卖双方不需要见面，却能即时支付成交，这为消费者带来了极大的便利，节省了时间。其实，互联网早在诞生之初就与商业活动密不可分，这些架构于互联网上的商业活动被冠以"电子商务"之名，简称"电商"。

电子商务自从产生之后，传统的商务活动就此打开了广阔的空间。一般认为，只要是在互联网上进行的商务活动都可以归为电子商务，更广义的定义则包含企业部门之间涉及生产、存货管理、供应、销售等环节的信息管理与沟通，如文档电子化、工艺流程电子化等。

随着电子商务的技术与市场的不断拓展深化，除了商务活动、网上购物外，网上银行、电子支付、理财保险等金融服务也是层出不穷。电子商务作为一种新型业态，与传统工商业结合后演化出多种具体形式，按交易双方的不同可以分为B2B（企业对企业，business-to-business）、B2C（企业直接面对消费者，business-to-consumer）、C2C（消费者对消费者，consumer-to-consumer）、O2O（线上对线下，online-to-offline）等。

通常，传统企业参与市场交易，不管是采购原材料还是销售产品，企业部门都需要投入大量人力、资金与时间成本，而B2B的方式，则通过将企业上下游产业链交易各方聚集在一起，在互联网上高效率地完成采购、销售等业务流程，真正做到货比三家，降低经营成本。

就商业零售而言，亚马逊、淘宝、当当、苏宁易购等属于B2C模式，消费者通过电脑、手机等智能设备接入网上商城，挑选中意的商品，与其他消费者交流购物体验，以及与商家讨价还价，如果满意还能即刻网上购买支付。

> "互联网＋＋"的超级赛道

C2C则是个人通过互联网平台售卖商品的一种交易方式，类似二手商品交易，阿里巴巴的淘宝网早期就是这样的平台，上面有大量的个人之间的商品售卖。

权威机构发布的数据显示，全球零售总额在2019年已达25万亿美元，同比增长4.52%，其中网络零售额占全球零售总额的比重由2017年的10.2%上升至2019年的14.12%，达到3.5万亿美元，预计到2023年全球网络零售额将达到6.5万亿美元，可见网络零售增长迅速，全世界的人都喜欢以这样的方式购买消费品。

从全球各地区发展水平来看，北美地区与西欧地区属于发达经济体地区，电商零售交易额2018年分别为5646亿美元、3976亿美元；2019年分别为6020亿美元、4263亿美元，位列全球第二、第三位。由于这两个地区实体零售业较早发展成熟，相对于其他地区，人们消费方式较为固化，虽然疫情改变了一部分人的消费习惯，使得这两个地区的电商零售交易份额增加，但随着实体店的重新开放，人们对于电商零售的消费需求将减低，因此电商对行业的提振效果将逐渐缩小。不过考虑到年轻一代人口对互联网技术的依赖增强，该地区的电商零售交易额还有增长的空间。

亚太地区是全球电子商务零售市场的领先区域，无论是电商零售规模，还是使用人数，均居首位。2019年亚太地区电商零售额达1.7万亿美元，增速为25%，全球排名第一；2020年亚太地区电商零售额更是达到2.448万亿美元，占全球电商零售额的62.6%；亚太地区使用移动电商平台购买商品的人数明显高于其他地区，电商零售比重接近80%，是唯一一个超过全球平均水平的地区。

> **中国赛道**
> 投资大师罗杰斯谈中国未来趋势 >>

在亚太地区电子商务领跑的主要国家就是中国。据中国国家统计局数据显示，2018年中国电子商务交易额达31.63万亿元，同比增长8.5%；2019年达34.81万亿元，同比增长6.7%；2020年增至37.21万亿元，同比增长4.5%，其中商品、服务类电子商务交易额36.03万亿元，同比增长4.3%。

由于消费者对网购商品的品牌、品质、服务的关注度逐渐提高，B2C市场优势更加明显，这也是必然的。C2C这种模式应该算是B2C的早期阶段，目前更多存在于二手交易市场中。2019—2020年中国B2C零售额占全国网络零售额的比重大多保持在75%以上，C2C零售额占全网零售额比重维持在23%左右。

为网络零售提供支撑的是电子商务服务业，自然也是增长迅速。2018年中国电子商务服务业营业收入规模为3.52万亿元，同比增长20.3%。2019年收入规模为4.47万亿元，同比增长27.2%。而2019年电子商务服务业收入中，电商平台服务营业收入8412亿，增速27.0%；支撑服务领域中的电子支付、物流、信息技术服务等营业收入规模为1.80万亿元，增速为38.1%；而运营、培训、咨询等衍生服务营收规模为1.84万亿，占2019年中国电子商务服务行业整体营收的41.2%。

中国商务部最新数据显示，截至2019年，中国已连续七年成为全球最大的网络零售市场；2020年中国网络零售额更是达到11.76万亿元，其中，实物商品网上零售额9.76万亿元，比上年增长14.85%；跨界融合新模式、新业态不断涌现，电子商务成为中国经济增长的新引擎。

> "互联网++"的超级赛道

THE INTERNET++ SUPER TRACK

在中国电子商务发展初期，各个行业，特别是制造业由于较高的专业深度、本身的技术限制等多方面原因，并没有真正地实现电子商务对传统产业生产经营效率的提升。而B2B等技术与模式，最初也因为计算机技术与互联网发展水平有限，让订单、工作流程、物流数据、支付等信息流程的在线化、电子化、数据化推进缓慢。

如今，中国互联网零售商业的持续高速发展，又从消费零售市场端开始拉动产业数字化，对制造业提出了数字化和智能化运行的新要求，产业模式和企业组织形态的全面数字化变革开始提速。事实证明，也许这个方向的拉动才是最有效的。

随着5G技术的规模化商用，云计算能力的大幅提升，全面数字化的基础设施日趋完善，数字化时代将大幅提升中国经济社会的发展水平。中国政府早已认识到了这一点，不断在财政与税收上加大支持的力度，毕竟数字经济也是绿色经济，不会对现有的自然资源产生更多污染与浪费。

当然，数字经济已是全球化的必然趋势。全球数字经济总值在2015年就已达到11.5万亿美元，占总体经济的15.5%。21世纪以来，数字经济的增长速度是全球GDP增速的2.5倍。其中，美国数字经济占全球数字经济的比重是35%，欧洲约占25%，中国从最初的4%增至13%，印度达到2%，日本占8%。

数字经济的必要前提是无论个人还是组织，无论它们之间是否存在联系，甚至没有生命的物体——像机器设备、家居用品、汽车，甚至货币等，都需要数字化，人类生产、生活绝大部分信息都以数字信息的形式存储、传输和使用。

从数字化和互联网技术的发展可以看到,早期图形化操作系统、互联网搜索等数字技术推动了互联网高速发展;到现在智能手机与移动通信等技术又让数字技术从网络化往智能化演进;传感器、5G、云计算、大数据、AR/VR、无人驾驶等技术的使用,让以消费购物为主导的消费互联网经济过渡到产业数字化、产业互联网的阶段。这些新技术的日趋成熟将成为数字经济发展的新动力,未来二三十年都将在这个赛道上不断探索。

数字经济必将拥有美好的未来,正像150年前电力被广泛使用,人类的前途一片光明。工业时代人类将自然物质转换成所需材料,现在要将数字时代的数据,通过软件转变为信息,来提升对资源的利用并推动社会经济发展,这必将引起社会协作方式的巨大改变。这个改变才是最彻底的、规模最大的社会转型,不管是制造业、零售业、医疗、教育、交通甚至农业等产业,都将迎来大跨度的融合变迁。

## 云计算

实现数字经济的网络物理基础,除了我们此前提到的5G通信的高速连接外,云计算则是另一个像我们生活中使用的水、电一样重要的网络基础设施。那么,云计算到底是什么?我最直观的认识,就是大型的互联网企业提供的电子邮箱、云盘,这些都是平时常用的一种云计算功能。

再如,亚马逊建立自己的网站,需要超级多的服务器来为网站的巨大流量提供支撑,但流量会波动,在流量不大时,服务器资源会出现闲置,将闲置的服务器部分"算力"租出去赚钱,这就是云计算盈利模式的简单理解。

现在，云计算已经是一个完整的产业链。全球云计算市场规模在2020年将达到2664亿美元。云计算产业链上游是服务器、网络设备、存储设备等产品的制造商，如思科、华为等；中游企业提供软件基础设施、平台及应用等相关服务，如亚马逊、谷歌、微软、阿里巴巴、腾讯等；下游用户则是云计算延伸产业及增值服务提供商；最后才是终端用户企业及个人。

## 人工智能

人工智能是产业互联网另一个重要领域。近年来，人工智能技术高速迭代、创新不断，机器视觉、语音识别等技术已经商用，如刷脸打卡、支付、检票系统的人脸识别技术；物联网技术、智能网联汽车等硬件联网设备快速发展，自动泊车、毫米波雷达传感器、北斗的高精度定位等技术已经成熟应用。目前，中国人工智能发展处于世界领先位置，无论是发明专利还是语音、视觉识别等技术均处于全球领先位置。

其中，机器人制造是多项人工智能尖端技术的综合。中国有很多值得关注的人工智能企业，比如达闼科技。和其他致力于研发工业机器人的公司不同，它要为每一个家庭提供服务机器人，它要做机器人运营商，这个定位很吸引我。目前达闼科技已经掌握了服务机器人产业链中的多项核心技术。想象一下，未来在我的家里有一个机器人为我服务，这太令人激动了。"达闼"这个中文名字对我而言太过复杂，但据说这个名字源于《星际迷航》影视系列里面一款名叫"Data"的机器人的谐音，这对我就简单多了。我还了解到达闼科技的创始人曾创造过一种叫"小灵通"的手机，风靡中国。

技术拥有美好的未来。机器人可以改变很多行业，很多事情。它们成本更低廉、效率更高，并且言听计从；它们不要求休假，也不生病，每天都兢兢业业地工作着。

与此同时，新技术的广泛应用也带来失业问题，电的发明曾使许多人失业，飞机、汽车、各种机械的发明与使用也让许多人失去工作，但我们不会因此停下来，新技术同时又创造出了很多新的工作岗位。这种状况一直都会存在，世界历史就是这样书写出来的。

## 阿里巴巴VS亚马逊

也许很多人会说：现在互联网、人工智能这么热，那我们就应该投身到这些行业里去。但仅仅进入某个行业并不意味着你会成功，即使你进入一个发展良好的行业，也并不意味着成功。我之前曾说过，中国的农业会有很大发展，会拥有美好的未来，但不意味着每个进入农业领域的人都能成功。

成功并不容易，失败者总多于成功者。互联网行业亦是如此。网上购物给传统商业带来巨大冲击，众多的网络科技公司争相进入赛道，经过一番激烈的竞争后，仅有几家优秀公司脱颖而出，比如亚马逊、阿里巴巴；而其他无数互联网公司消失了，我们再也无法看见它们。

近二十年来，我们看到亚马逊、阿里巴巴、腾讯等互联网公司业

> "互联网++"的超级赛道

THE INTERNET++ SUPER TRACK

务规模发展迅猛，增长惊人，并且仍在持续高速增长。截至2019年，全球市值排名前十的公司中，有7家都是互联网公司，而在十年前仅微软公司一家；中国的腾讯、阿里巴巴两家互联网公司全球市值排名在第七位、第八位，且均超7000亿美元。巨型互联网公司的崛起让我们看到，全球的数字化是不可逆转的，就像人类历史上农业社会必然向工业社会转化一样。

目前，亚马逊是全球市值最高的线上零售与云服务公司，以2020年4月3日每股市场价格1918.83美元算，市值高达9441.66亿美元，而截至2021年3月，亚马逊的市值已超1.6万亿美元。亚马逊在发展过程中通过并购，使其业务板块延伸至线下零售、消费电子、流媒体等多个业务领域，如今亚马逊是名副其实的互联网巨头，而二十五年前，亚马逊的业务只是在互联网上销售图书。

2019年，亚马逊营业总收入达2805亿美元，同比增长20.45%，近五年的复合年均增长率达27.24%。网上商店仍是亚马逊的主要收入来源，2019年营收为1412亿美元，占总营收的50%，同比增长15%；为入驻的第三方卖家提供服务的收入达538亿美元，占比19%，同比增长26%，是第二大收入来源；云服务（AWS）业务营收350亿美元，占比12%，同比增长37%，为第三大业务。

亚马逊公司其他业务板块，如：订阅服务以Prime会员为主，2019年营收192亿美元，占比7%，同比增长36%；线下商店业务以全食超市（Whole Foods）为主，收入172亿美元，占比6%；广告等其他业务营收141亿美元，占比5%，同比增长39%。

我们再来看看经营业务与之类似的中国公司。截至2020年4月3

日，阿里巴巴的市值为5067.66亿美元。2017财年营业总收入达1582.73亿元，2018财年经营总收入达2502.66亿元，同比增长58%，2019财年的营业总收入为3768.44亿元，同比增长51%；净利润方面，2017财年为412.26亿元，2018财年增长49%，达614.12亿元，2019财年增长31%，达802.34亿元。

阿里巴巴的主营业务包括四部分，核心商业、云计算、数字媒体及娱乐、创新业务及其他。核心商业占总收入的比重约为86%，其他三项业务合计占比约为14%，其中核心商业包括中国零售商业（淘宝）、中国批发商业（阿里巴巴）、跨境及全球零售商业、跨境及全球批发商业、物流服务（菜鸟）、本地生活服务（饿了么）和其他业务。核心商业的交易市场吸引和留存了大量消费者和商家，阿里巴巴的经营收入主要来自商家。

尽管阿里巴巴2017—2019年的业务收入增速都在50%以上，但互联网线上业务增长速度似乎有所放缓，为了保持增长，阿里巴巴开始进行海外并购以及线下投来资延伸产业链，涉及的行业与公司众多，其中不乏知名企业，如居然之家（家装业）、美凯龙（家装业）、苏宁易购（家电零售）、石基零售（零售信息服务）、高鑫零售（超市业）、银泰（百货业）、分众传媒（电梯媒体）、美年大健康（体检业）、考拉（进口电商平台）等。

那么这两家全球瞩目的公司有什么区别，未来的投资价值如何判断呢？在投资之前，必须了解一家公司的财务数据，仔细分析其资产负债表、损益表、现金流量表，同时你必须阅读关于这家公司的其他信息，包括新闻、管理人访谈等。所有管理层、高管都会给你讲有关

> "互联网++"的超级赛道

THE INTERNET++ SUPER TRACK

他们做生意的好故事，但你必须学会判断这些人是否知道自己在做什么，是不是一个优秀的管理者。此外，你还必须了解目标公司的竞争情况，对手是谁，行业未来的发展趋势怎样，竞争者都在采取怎样的策略争夺市场。

不过，即使你做了这一切，同样也会犯错，所以能够面对自己的错误也是一个优秀投资人需要具备的素养，我知道这并不容易。如果有人告诉你投资能轻松致富，你应该离开这个人，因为这个人不是骗子，就是无知。

从上述两家排名前列的互联网公司的经营数据看，只能知道大致的经营规模和增速，虽然它们赚钱的方式基本一致，但面对不同的目标市场，财务数据的处理等方面存在不同，没法做出两家公司的直接对比。不过，我们还是可以从生意的本质出发，来理解和研究它们，看看它们未来的发展趋势。

电商赚钱的方式与传统的零售并无不同，通过建立一个网站或智能手机上的客户端来聚集买家和卖家，并提供便捷的商务服务和良好的购物体验，如送货上门、低价格、品种多样等，来提升双方在平台上交易的数量，从中收取佣金和服务费，还可以开发出一些衍生生意赚钱，如与支付相关的金融业务等。

从两家公司的业务发展脉络看，亚马逊从以B2C形式在互联网上卖书开始进入互联网生意，为了改善用户体验而提供免费送货上门服务，随着业务发展又逐渐增多商品的品类，引入第三方卖家，一起助推平台发展。相比之下，阿里巴巴是以B2B方式开始互联网生意的，又通过旗下淘宝（C2C）和天猫（B2C）的2C业务逐渐发展壮大。

> *中国赛道*
> *投资大师罗杰斯谈中国未来趋势* >>

  由于中美两国商业环境的不同，生意起步阶段，在吸引消费者（买家）和引入商家（卖家）的具体策略上，阿里巴巴与亚马逊是有较大差异的，随着规模的扩大，商业模式的成型，业务整体架构慢慢会趋于一致。也正因为商业环境不同，中国消费市场潜力更大，因此能够抢先占领这个市场的阿里巴巴将有更好的未来。

  既然网上购物生意是基础，那么亚马逊与阿里巴巴的业务核心都是必须拥有一个面对消费者的电商平台，以商品丰富、低价格、极致的购物体验来吸引客户，增加网站流量和交易规模，最终增大营收，创造利润。在流量与交易规模的基础上，两家公司都选择继续在全球进行扩张，如收购当地电商平台，向线下实体业务渗透延伸产业链，投资产业链上相关企业。两家公司这样做的目的无非是持续引入流量，增加黏性，留住客户，终极目标仍然是流量与规模的不断循环增长。

  而平台上丰富的商品品类、低价格、极致的购物体验又是如何产生的呢？作为中美两国的电商巨头，商品品类的丰富与第三方商家入驻分不开，而亚马逊通过降低自己的物流配送成本吸引第三方商家入驻，阿里巴巴的淘宝本就是一家C2C的平台，商家入驻是免费的；低廉的价格与销售成本、规模密不可分，互联网上的商家本就没有线下实体店的物业成本，自然定价较低；物流则是提高购物体验，与传统零售业决胜负的重要一环。此外，与娱乐、多场景、支付金融等衍生业务的结合都将购物体验提升到了极致。

  现在回到我们需要知道的问题上，你问我，阿里巴巴与亚马逊公司的股票，哪家更值得投资？是的，到目前为止，它们已经是非常成功的公司，但它们也只成立了二十多年时间。二十年后它们还会存在

> "互联网++"的超级赛道

THE INTERNET++ SUPER TRACK

吗？二十年后它们能更成功吗？

这个问题很难回答，历史上很少有大公司能永远经营下去。道琼斯工业平均指数是美国最古老的股市指数，它始于125年前，约1896年。不知道你注意到没有，与道琼斯指数创立之初就同时存在的公司，至今是否仍然存在？一家都没有。因为世界在不断变化，商业模式也在不断变化，跟不上变化的许多公司就会消失、合并、倒闭。

历史表明，无论当时多么具有统治地位、多么令人兴奋的经济体，都无法永远存在下去。六七十年前，计算机是新鲜事物，发展前景令人振奋；当时，从事计算机业务的大多数公司你现在都没听说过，因为它们已经不存在了；你肯定知道福特、梅赛德斯，可几百年前，世界上有数百家汽车公司，它们中的大多数没有活到今天。

股票投资也是一样。1920年无线电在美国是新鲜事物，美国无线电公司（RCA）制造收音机，因此，当时它的股价飞涨。若干年后，无线电发展迅猛，公司发展壮大，业务规模也变得越来越大，但股票价格再也没有超过峰值，那些在这家公司股价泡沫最大的时候买入的人，并没有赚到钱。同样，如果你在19世纪50年代购买了铁路公司的股票，那么你根本赚不到钱。铁路运输行业仍然存在，它成了一个巨大的产业，但是，如果你是在每个人都认为铁路投资是美好、令人兴奋的泡沫时期购买铁路公司股票，即使铁路规模越来越大、重要性越来越高，但由于你支付价格过高，无论未来多么美好，都无济于事。

我想说的是，大部分新事物都是非常令人兴奋的，我们都知道它们将改变世界。很多人除了感到兴奋之外，还愿意为此支付费用。但

195

作为投资者，你必须理性，知道股票价格不会永远上涨，即使一个行业或公司拥有美好的未来。在我的投资生涯中，经验告诉我，支付太高的价钱永远都不是一件好事。

理性投资的一个重要方面是你要运用一些评判标准，例如估值、净资产收益率、市盈率等，对准备投资的公司进行测算。然后研究行业的竞争情况，其他企业入行的门槛高低。这是很难进入的业务吗？这是任何人都能从事的业务吗？你必须评估许多事情。

现在我要告诉你们我的答案：阿里巴巴和亚马逊的股票价格都很贵，估值太高了。因此，两家公司的股票我一个都不会购买。这是我的判断。但如果你擅长互联网行业，这并不意味着你就不能购买它们，未来也许这两家公司的股价会走得更高。但它们不适合我，也不适合我的投资方式。

但有一点我深信不疑，未来某一年，一定有某个18岁的年轻人，在车库里或者什么地方提出了新的想法，这些想法又将改变世界，我不知道他是谁，但我知道一定会有这样的年轻人出现。

## 数字化时代的延伸产业链

数字化时代随着云计算、大数据、人工智能、物联网等技术逐渐成熟，已经确定无疑地来到我们身边。快速的物流配送让即日送达成为网购平台竞争利器，这背后比拼的是物联网、大数据，没有高效的信息匹配与跟踪将难以完成。

> "互联网＋＋"的超级赛道 9

THE INTERNET++ SUPER TRACK

新兴的共享经济能够运行，靠的是数字化技术的支撑，催生出移动互联的网络约车、共享单车、短租公寓等新业态；移动支付让我们真正体验到现金只是一种记录价值的纸质形式，电子账户中的数字则是另一种记录价值的方式，并且更加安全和便捷，电子货币已经不是什么新鲜事物，支付宝、微信支付已经被广泛使用。

从阿里巴巴、亚马逊等网上零售购物平台的崛起、交易规模日益扩大，我们就可以知道，消费领域数字化是大势所趋。这些零售业的新兴巨头也早就预见到会有这样的情况发生，纷纷布局产业互联网，利用已有的优势，试图从各个行业的市场端、销售端切入生产端、资源端，重塑传统农业、制造业、服务业等领域，那将产生另一个更广阔的市场。

随着消费互联网到产业互联网的深度数字化，中国等新兴市场国家和发展中国家具备加速追赶发达国家的基础。首先，它们拥有全球最大的消费市场，具有很大的拉动力，这也能在较短的时间内提升国民的生活水平，促进经济的发展。而发达国家此前建立的消费习惯，短时间内较难改变，具有惰性，这也就说明了对于网上购物方式，它们为什么反应较慢。其次，从消费端产生的数字化技术升级，能更高效地节约资源、减少浪费，减少人类对自然环境的破坏，保护好我们的地球家园。

## "互联网＋网购"的最佳切入路径

当然，网购消费业巨头们想要切入产业互联网并不是一蹴而就的，

> **中国赛道**
> *投资大师罗杰斯谈中国未来趋势* >>

每个行业领域拓展必然会受到专业技术壁垒的限制，怎样才能投入更少，收获更多？哪些行业能够成为最佳切入路径？一举两得的事情还是有的，顺着主业延伸就是了。

第一是云计算。

网上购物平台建立之初，就与大众的吃、穿、住、行联系紧密，与之高度相关的行业有云计算、物流、金融、广告、文娱等。其中，云计算是数字化的基础，不论是网购主业，还是产业互联网，它都是不可或缺的。

云计算这种计算机资源的高效利用方式，按照使用范围分，包括私有云、公有云、混合云。私有云是指一家企业或组织内部所使用的"云"，不对外，有私密性；公有云又称为公共云，就是云计算的服务，大众用户、行业机构等都可以通过互联网接入使用；混合云则是私有云与公有云组成的混合体。

按照使用者的需求内容可以分为三种服务模式：IaaS、PaaS、SaaS。IaaS是最基础的服务模式，包括由服务商提供的虚拟化计算资源、存储空间等，可以为客户提供计算资源定制服务。PaaS服务可以为客户提供通过互联网连接的应用开发平台，你可以自己在云平台上按照平台的规定开发应用程序。SaaS服务是服务商通过互联网将自己开发的软件提供给客户，你只需用电脑上的浏览器等软件接入即可，如电子邮箱、淘宝商家的后台等就是这类服务产品。

云计算产业具有资金、技术、信用密集型的重资产特征，不是互联网行业的企业难以进入，能够参与竞争的也必须是大型的互联网企业，中小企业是难以生存下来的；同时，政府的支持也是一个必要条件，因此具有很高的行业壁垒。

美国的云计算服务起步较早，市场相对成熟；中国的云计算市场尚处在高速增长阶段。亚马逊的云计算服务拥有全球最大份额，2019年营收达350亿美元，市场占比接近50%，微软、谷歌、IBM等公司紧随其后。

近年来，阿里巴巴云计算业务在全球市场所占份额增长迅速，财报显示，2017财年至2019财年的阿里云计算营收分别为66.63亿元、133.9亿元、247.02亿元，同比增速接近翻番。阿里云自称已是世界第三大、亚太地区最大的IaaS提供商，也是中国最大的公有云服务（包括PaaS和IaaS）提供商。中国国内云服务市场紧随其后的竞争者还有腾讯控股和中国电信等。据权威机构预测，2021年全球云计算市场规模将超过3000亿美元。

网购升级的第二条路是物流快递业。

电商网购与客户唯一的接触途径就是物流，没有实物商品的送达，网上购物根本无法完成。在电商网购快速发展之初，就曾有过是电商平台自建物流还是外包出去的争论。从亚马逊不断自建物流，降低网购交易成本，成功吸引第三方商家入驻的范式来看，物流不但不是网购的累赘，反而是延伸产业链，增强主业竞争优势的利器。

而阿里巴巴旗下的菜鸟网络与之不同，其主要是通过协同物流合作伙伴的规模和能力，构建物流数据平台及全球仓配网络。菜鸟网络试图将不同快递公司的资源进行实时、充分的调动，在速度和成本方面进行优化。

菜鸟网络拥有的数据洞察及技术能力可以实现整个仓储、物流和配送流程的数字化，从而提升物流产业链的效率。如菜鸟网络提供货品运输过程的实时数据，商家能更好地管理存货和仓储，消费者能够追踪订单，还能让快递公司优化配送路线。

中国快递业起步于20世纪80年代，随着经济发展，国内及国际快递业务增长迅猛，目前快递业务规模已跃居世界首位，网购平台的兴起带动了行业的飞速发展。中国国家邮政局数据显示，2019年，全国快递服务企业业务量累计完成635.2亿件，同比增长25.3%；业务收入累计完成7497.8亿元，同比增长24.2%。

21世纪以来，中国快递业日渐成熟，行业中规模较大的快递公司大多在A股上市。随着互联网技术与电商的快速崛起，需要配套的快递运输网络体系越来越大。相较于传统的快递运输业的技术含量低、人力成本高等特点，新兴互联网技术已使快递行业建立起较高的技术壁垒，强大的技术研发、应用能力已成为保持行业领先的核心优势。

大数据、云计算、物联网、人工智能等技术可以对物流各环节进行信息化、高效率的管理，提高配送效率，减少损耗，为客户提供更好的服务体验，推动智慧物流产业互联网建设。比如快递服务网络在全球分布有几百个枢纽转运中心、上万个网点，拥有庞大的分拣设备、终端设备、接口服务和海量的数据信息，每天完成数亿次的信息上传、读取、查询、录入、监测、预警、处理等操作，只有云计算数据中心才能按时完成这样的处理量；同时，通过服务客户积累的数据资源，快递公司持续整合大数据，为不同配送方式和多行业服务提供定制化的解决方案。

另外，由于远程运输过程中，容易出现信息缺乏透明度的情况，出现纠纷时举证和追责困难，此时区块链技术可以有效解决这个问题；同时，区块链技术在商品溯源等方面的应用更能有效提高过程管理的效率。

当前，人工智能也被广泛地应用到快递业中，比如利用大数据进行物流业的工作量预测，合理安排人工投入、业务高峰时段的指挥调度等；综合利用计算机视觉处理、深度学习等技术，对物流场景中的货物、人员、车辆及场地等相关视频、图片进行分析，自动检测和跟踪人、货物、车辆的轨迹，预防货物破损和提高场地运作效率。

无人仓储技术可以实现货物全流程、全系统的智能化和无人化，各环节不同型号机械臂及分拣机器人，不仅能依据系统指令处理订单，还可以完成自动避让、路径优化等工作，与人工拣货相比，效率成倍提升。

可以看到，消费互联网技术深入到产业互联网之中，对物流运输行业的升级改造已经非常全面，不同于以往的升级，这是颠覆性的，可以称之为"互联网＋＋"。而这只是冰山一角。当前，产业互联网技术正在与农业、制造业、服务业等几乎所有能被数字化的部门进行深度融合，相对进展较为深入的行业包括金融、制造、零售、文娱、教育、医疗等。数字化趋势渗透正在进行中，并呈现出完全不同的行业应用特征。

> **中国赛道**
> 投资大师罗杰斯谈中国未来趋势 >>

从数字化技术进步的意义上讲，一切新技术、新产品都在为我们的生活提供便利，但不幸的是，也会使我们变得懒惰。不过从好的一面考虑，这也意味着我们可以有更多可支配的时间，也许你可以把多出来的两个小时花在发现新事物上，或者运动两个小时，抑或是把这两个小时花在阅读上，这会让我们变得更勤劳、更智慧。无论在什么时代，懒惰的人一直都存在。我们不需要担心，有些人会成功地适应下来，我对人类的未来充满信心。

ID## 10

## 新开发·新高度·新增长

NEW DEVELOPMENT, NEW LEVEL, NEW GROWTH

从1984年到1990年，罗杰斯先后四次来到中国。20世纪80年代开始在中国投资以来，罗杰斯来往中国更加频繁，无意间他成为中国改革开放后经济高速发展以及城市巨大变革的见证者。作为一个美国人，一个国际投资家，他对中国的西部大开发、东北振兴、中部崛起的政策有何见解？这些区域的新开发着力点在哪里？粤港澳大湾区作为中国开放程度最高、经济活力最强的区域之一，与美国纽约湾区、美国旧金山湾区、日本东京湾区有何差异？在成为世界四大湾区之一的路上，核心是什么？

## 区域差异难题的破解

每个国家与地区都拥有不同的自然资源与经济发展的禀赋，比如国土上是丘陵多还是平原多，常年气候是偏寒冷还是炎热，物产是否丰富等。当地人在这些不同的自然条件下，经过一代代生育繁衍，具有了与别的国家和地区的人们不同的生产能力、生活方式与特色商品，这也是我在环游世界的时候，喜欢去观察、去体验的。

生产、交换等经济贸易活动是推动族群、国家、社会向前发展的基本动力，因为一定地理区域范围内的经济活动必须通过分工协作与资源交换产生更大的效用，满足更多人的需要。随着人类社会发展越来越现代化，行业分工越来越细，可获得的自然资源日益减少，更凸显了区域经济之间的协作与资源合理利用的必要性。比如中东地区盛产原油，其生产量变化即刻就会影响全球的原油价格。

区域是个相对的概念，可以大到整个地球、一个国家，也可以小到一个村落、几户人家。自然资源、地理环境与气候在地球上的分布呈现出多样性的特点，决定了各个区域所拥有的自然资源、人文历史、经济发展水平也是千差万别的。中国是一个拥有14亿人口的大国，人口总数占到全球的五分之一，东、西、南、北不同区域的地质条件与气候差异较大，生产水平与生活习惯差别也极大。

> *中国赛道*
> *投资大师罗杰斯谈中国未来趋势* >>

让这样一个国家的人们都过上富裕生活,不是个容易达到的目标,我认为,中国政府很能干。改革开放四十多年来,中国整个经济发展是有目共睹的,已成长为世界第二大经济体,但内部区域之间的经济发展不协调问题是始终存在的。其实这种状况就算是发达国家也不能完全解决好,美国也有经济发展比较落后的地区。

中国政府一直在试图让所有人富裕起来。这一切始于1978年,中国的再度开放很大程度源自当时的领导人邓小平,他提出:中国要尝试一些新事物,"不管白猫、黑猫,只要捉住老鼠就是好猫"。自此中国大地吹遍了改革的春风,开始了跨越式的发展。

记得我1984年第一次来中国的时候,我首先是要获取能在中国各地驾驶摩托车的许可证。到达中国之前,我真的担心,我甚至为有可能会遇到的"危险"做了很多准备。从小到大,我从媒体上看到的都是中国人如何野蛮、嗜血。一个美国人骑摩托车环游中国?!在当时,这真是一件很疯狂的事!我身边所有的人都觉得我疯了。

降落中国,我尽可能都按照要求去做,一切我都非常小心谨慎。接待我的中国人把我送到其他城市,那次我去了上海、成都,还有广州等地。读到这本书的朋友,你们当时的年纪可能还小,对1984年的中国没有任何印象。你可以看看老照片、老电影或其他东西。你们知道我学到的第一个中文单词是什么吗?"没有"!因为无论我问什么,都是这个答案。我问你们这里有高速公路吗?没有。有五星级宾馆吗?没有。有西餐厅吗?没有。有加油站吗?没有。没有、没有,几乎什么都没有。我记得那时我到过西部的一个村庄,我找不到宾馆住宿,到了晚上,当地热情的村民把我带到他们的家里,让出一个房间给我

> 新开发・新高度・新增长 10
> NEW DEVELOPMENT, NEW LEVEL, NEW GROWTH

住，房间里除了床（或者说看起来像床）之外，什么都没有，没有电视，没有电冰箱，没有像样的家具，甚至连枕头都没有，只能用米袋代替，那一晚真的让我印象深刻。在我旅行的时候，装备里有个必备的"神器"：马桶圈！是的，我带着它穿越中国，环游世界。那时在中国，除了北京、上海这些大城市之外，我甚至很难找到像样的洗手间。

现在的中国，与我1984年第一次来时完全不同了。但我那时并没有意识到中国正在发生巨大的改变。

当改革开放的政策开始执行时，中国某些地区经济会先一步发展起来，这是必然的，这些地区拥有良好的自然、人文等资源，像北京这样的地方，就是这样。首先，这里是中国的首都，是文化、经济交流中心，汇集的信息与资源众多，得知改革开放的消息也会快一些，人们会立即采取行动；而如果你生活在偏远的山区，准备发展经济，你可能都不知道该不该相信这个消息，也不太可能准确理解这个消息，人们做出反应也需要更长时间。

中国经济对外开放是从东部沿海地区率先起步的，这也符合地理位置上的考量，沿海地区能更方便地与整个世界建立联系。中国政府是谨慎的，先后在深圳、汕头、珠海、厦门、海南等城市和地区设立经济特区，探索让中国人富裕起来的方法，经济特区采取与其他地区不一样的经济政策和管理模式。由于已开放城市经济快速发展，对外贸易不断扩大，1984年中国进一步开放沿海的大连、营口等14个港口城市，并兴办经济技术开发区，引入外国资本和先进技术，之后又相继把长江三角洲、珠江三角洲、闽南三角洲等开辟为沿海经济开放区。

> **中国赛道**
> 投资大师罗杰斯谈中国未来趋势 >>

开放政策让中国人重新迸发出商业热情。商业在中国已经存在了数千年。你只要看看中国不同历史时期描绘商业、贸易发展的绘画作品，就能明白，中国人在商业领域展现的活力、创新力是令人惊讶的。或者说，中国人从来不缺乏创造财富的能力。

改革开放的政策使北京、上海、广州这些古老的工商业、金融中心重新焕发活力。这些城市的经济比其他地区增长更快，经过一段时间发展后，中国其他区域的经济也紧随其后开始增长，但有些区域的资源不是特别好，增长比较慢。1992年，邓小平指出：一部分地区有条件先发展起来，一部分地区发展慢点，先发展起来的地区带动后发展的地区，最终达到共同富裕。

受益于政策支持，中国东部经济快速发展。2000年后，政府先后批准上海浦东新区和天津滨海新区为国家综合配套改革试验区，先行先试一系列重大深化改革措施。东部沿海地区依靠自身的区位优势和改革开放的先发优势，长期在全国经济发展中处于引领地位，地区生产总值占据半壁江山，成为全国经济持续快速增长的龙头。

随着西部大开发、东北振兴、中部崛起等区域发展政策的实施，区域经济走上协调发展轨道。近年来，"一带一路"建设、京津冀协同发展、长江经济带发展、粤港澳大湾区建设等重要区域经济发展策略，使区域发展协调性显著增强，发展差距逐渐缩小。

中国国家统计局数据显示，1952年中国人均地区生产总值最高的东北和最低的西部相对差值为2.6倍，到1990年下降至1.9倍。1991年起，东部人均地区生产总值开始超过其他三个区域，到2003年，与最低的西部相对差值达到2.5倍。2003年后，东部和西部的人均地区生

> 新开发·新高度·新增长 10
NEW DEVELOPMENT, NEW LEVEL, NEW GROWTH

产总值相对差值逐渐缩小，到2018年，东部是西部的1.8倍。可以说，在改革开放后，中国各区域经济增速明显快于改革开放前，并呈现东部地区领跑、各区域均衡发展的良好态势。

如果回到国际视角，纵观历史，古埃及、古罗马、大英帝国等，曾经很辉煌，而中国是世界历史上唯一一个拥有重复辉煌历史的国家，历史上也有三四次居于世界领先位置，中国经济也崩塌过三四次，但中国是唯一一个处于落后地位几十年或几个世纪之后，能扭转局面，并再次领先的国家。中国似乎有一种神奇的能量，能在绝境中一次次再度复兴，世界上没有其他哪个国家能够做到这一点。

## 区域经济发展战略下的板块亮点

### 西部大开发

随着经济的不断增长，中国出现了东部沿海、中部、西部地区经济发展水平由高到低梯度排列的状况。1979—1999年，东部地区与中部、西部地区人均地区生产总值差距由228元扩大到5431元；1999年东部地区人均地区生产总值比西部地区高1.34倍；同时，不同区域间为了各自利益，设置市场壁垒，这对在中国形成统一市场构成障碍，并不利于区域协调发展和优势互补，浪费了资源。

为了实现共同富裕，让资源的利用更合理、高效，中国从2000年开始实施西部大开发战略。西部的范围包括重庆、四川、贵州、云南、西藏、陕西、甘肃、青海、宁夏、新疆、内蒙古、广西等12个省

209

（市、自治区），截至2018年底，土地面积678.2万平方公里，占全国的70.6%，人口3.8亿，占全国的27.2%。

中国西部地区拥有高山、森林、沙漠等复杂的地理环境，居住的民族众多，道路交通设施缺乏。西部大开发战略实施的第一个十年里，交通、水利等基础设施和生态环境是重点投资领域；之后，是鼓励重点地区、城市优先发展，设立经济区，扶持重点产业、特色产业，加速西部地区经济发展。

实施西部大开发战略以来，中国西部地区的经济提升明显。在基础设施建设方面，青藏铁路、西气东输、西电东送、支线机场、干线公路相继建成使用；在生态恢复和环境保护方面，退耕还林还草、天然林保护、风沙源治理等重点工程进展顺利。

从区域经济发展来看，2009年12个省（市、自治区）的经济总量为1.58万亿元，截至2018年达到18.4万亿元，十年来增长了10.6倍，占全国比重提高到20.6%。2019年西部地区生产总值20.5万亿元，2020年21.3万亿元，均占全国GDP的20%左右，其中2020年地区生产总值增长3.3%，是四大区域中增长最大的。

西部经济总量最高的四川省，1999年地区生产总值仅3649.12亿元，2020年达到4.9万亿元；截至2020年，陕西、重庆、云南和广西等地的经济总量也分别突破了2.6万亿元、2.5万亿元、2.4万亿元和2.2万亿元，内蒙古、贵州突破1.7万亿元，新疆也突破了1.3万亿元，西藏的经济总量也从1999年的105.98亿元，提高到2020年的1902.74亿元。

虽然西部区域的经济发展已经取得了巨大成果，但中国政府仍然提出要持续解决西部区域经济发展不平衡、不充分的问题，要不断改革完善相关机制和政策，促进基本公共服务均等化，优化区域发展格局，制定新的政策措施，延续西部地区企业所得税优惠政策等。这些举措可以给西部的发展再加一把力。

**东北振兴**

中国东北地区在土地、能源、原材料资源方面具有优势，石油生产、钢铁和装备制造等重工业一直是其强项；土地是世界三大黑土地区域之一，人均耕地面积大，是中国的粮食主产区之一。东北地区曾是中国经济最为活跃的地区之一，当代中国的工业化建设是从东北地区开始的，这里建立起了完整的工业体系，是中国最早的重工业基地，带动了其他地区的工业化。

改革开放后，发达国家的技术进入中国市场，东北地区难以适应新的市场环境，经济增长缓慢。为了跟上东部地区经济发展的步伐，2003年中国启动了东北地区等老工业基地振兴计划，并制定了配套的产业政策。在政府政策、投资驱动下，2003—2012年东北地区平均年度经济增长达到或超过10%，其中2006—2009年，东北地区经济增速均保持在12%以上，位居全国第一。

不过，从2013年开始，东北地区经济出现下滑，一些资源型城市面临资源枯竭和产业衰退等问题。针对出现的新问题，政府及时调整了产业政策，主要在发挥地区优势、完善营商环境、调整市场供给、创新创业、改善民生等方面开展工作，以此产生促进经济发展的内在活力和长效机制。如黑龙江省大力发展绿色农业，辽宁省着重于高端装备制造业，吉林省则在研究一汽如何更好地与新经济融合。

然而，任何一个区域的整体提升都不是一个简单的事情，新一轮的东北地区经济振兴成效，在近几年的时间里已经有所显现，但这还不能令人满意。东北地区的高素质人才仍然有外流其他省市的情况，这是正常的。区域经济之间的差距就会促使人口跨区流动，谁不想去赚钱更多的地方呢？因此，东北地区仍然需要对产业政策进行不断调整，使之能够适应中国区域经济发展新格局。

**中部崛起**

2004年，中国提出中部地区经济崛起的发展规划。中部地区包括湖北、湖南、安徽、江西、河南、山西六省，土地面积103万平方公里，占全国10.7%；2015年底，人口3亿多，占全国总人口的比例超过1/4。

中部地区地处内陆，地理上是连接东、西、南、北的中心区域，中国政府结合此前实施的西部大开发与东北振兴的区域经济发展政策，提出将中部地区建成全国重要的粮食生产基地、能源原材料基地、现代装备制造及高技术产业基地和综合交通枢纽。

随着中部崛起计划的实施，中部地区经济增长速度加快，与东部地区差距缩小。近年来，中部地区经济不断增强。2020年，中部地区生产总值达22.2万亿元，占全国21.9%。不难看出，中部地区已成为中国经济增长的重要引擎。

> 新开发·新高度·新增长　　10
NEW DEVELOPMENT, NEW LEVEL, NEW GROWTH

　　中部地区从十多年前便开始承接东部地区的产业转移，随着营商环境的改善，吸引了不少如汽车零部件、家电等传统制造领域，及新一代信息技术、现代农业、生物医药、新能源、高端制造等新兴产业领域的重点项目。中部地区在不断变化的市场环境中，也同样面临经济结构、产业结构、能源环保等方面的问题。区域性的产业转移是中国实现平衡发展的需要，更是一个长期的、复杂的工程，如果将这样的产业转移融入新一轮产业革命中，让数字化、网络化、智能化技术在各领域广泛应用，再加上各省市的合作，促进资本、人才等的高效流通，中部地区势必为中国的发展提供更充足的能量。

　　在东部、西部、东北与中部四个区域的经济增速变化背后，是人们努力向好的决心。当2008年美国金融危机发生时，中国东部率先转型。随着东部率先发展、西部大开发、东北振兴、中部崛起的四大区域经济发展战略全面实施，区域间的发展差距将会进一步缩小，四大区域将在未来一起推动整个国家的经济增长。中国和中国人本身具备的这种创造美好未来的能力，无论是我80年代初次来到中国时，还是四十多年后的今天，都没有改变。

## 把握区域发展新高度

　　2012年在经济增长方式开始转变的背景下，中国为了更好地协调跨区域的经济合作，更深地融入世界大市场，在持续实施的四大区域发展总体策略的基础上，提出"一带一路"倡议，以及京津冀协同发展、长江经济带发展、粤港澳大湾区建设等方略。这样多方位、多点聚焦式的策略部署，对提升中国区域经济发展的总体水平是效果极佳的，能优化协调好国内的区域经济发展，同时打开国际发展的空间。

"一带一路"倡议以国际经济合作为主要框架，使沿线国家、地区的基础设施互联互通，带动国家之间、区域之间的经济一同提升。同时，"一带一路"倡议可以成为中国构建新型国际关系、构建人类命运共同体的重要举措。

京津冀协同发展首先是为了解决北京这座城市的发展限制，优化调整首都的城市功能布局，其次是为跨省的京、津、冀三地协同发展寻找新的发展模式。通过一系列的合作，使京津冀地区在交通、产业转移、生态环保等方面实现协同发展，有效解决目前城市发展中面临的生态环境恶化、区域与城乡差距扩大等一系列问题。

长江经济带覆盖上海、江苏、浙江、安徽、江西、湖北、湖南、重庆、四川、云南、贵州等11个省市，横跨东、中、西三大区域；总人口约5.99亿人，占全国的42.9%，2020年地区生产总值约47.16万亿元，占全国的46.4%。长江经济带发展重点是让长江沿岸省份人口、城镇、产业与资源环境协调发展，在生产发展的各个要素上使内陆与沿海连接紧密，实现和谐共生，共同发展。

粤港澳大湾区是中国经济活力最强的区域之一，包括香港特别行政区、澳门特别行政区和广东省广州市、深圳市、珠海市、佛山市、惠州市、东莞市、中山市、江门市、肇庆市，总面积5.6万平方公里，常住人口超过7000万，2020年粤港澳大湾区地区生产总值超11万亿元。

> 新开发·新高度·新增长
NEW DEVELOPMENT, NEW LEVEL, NEW GROWTH

把粤港澳大湾区建设成世界级城市群，可以加强内地与香港、澳门的经济合作共赢，为整个珠三角地区的区域经济发展提供新动能。同时，充分发挥粤港澳综合优势，建立与国际接轨的开放型经济，支撑共建"一带一路"，使这个区域成为世界第四大城市群。

中国现在以及在未来仍会继续推进区域经济优化发展的策略，包括：为西部发展提供政策支持，对西部地区的企业实行税收优惠；持续促进东北的全面振兴，为中部地区崛起、东部率先发展带来创新举措；京津冀协同发展，高标准建设雄安新区，为北京疏解非首都功能；落实粤港澳大湾区发展规划，促进规则衔接和人员往来便利化；发挥长三角地区的地域优势，将该地区的一体化发展上升为国家战略，打造高质量发展经济带；同时不忘支持资源型地区的经济转型，以及加强对于偏远、贫困等地区的扶持，补足其发展短板。

此外，海南岛也是我关注的区域。也许你们知道，2019年1月我去了海口，那里的气候和风景都让我流连，如果可以，我希望我还能骑着摩托车环海南岛一周，那一定会带给我许多惊喜。

中国政府要把海南建设成具有国际水准的自由贸易港，实现这个目标的前提是真正给予一些开放的政策。

美国曾经以给人们土地的政策来吸引移民建设国家，美国怀俄明州需要更多女性，因此赋予女性投票权——这是世界上最早赋予女性投票权的地方之一[①]，而新加坡为吸引那些受过良好教育的成功人士去定居，也给出了一系列政策，结果证明这些都是有效的。

---

① 美国最早争得女性选举权的是怀俄明州，1868年；其次是犹他州，1870年。

> **中国赛道**
投资大师罗杰斯谈中国未来趋势 >>

在这一点上，中国政府已经给出了很多有利于海南岛发展的举措，例如放宽免税购物额度，对服贸企业进口自用的生产设备实行"零关税"，推动当地旅游与文化、康养产业深度融合，开放增值电信业务，逐渐取消外资股比限制等政策，构建多功能自由贸易账户体系，等等。这些政策有着很强的吸引力，会为很多行业创造新的机会，如果海南持续不断地加大开放力度，那么，海南必将成功。

是的，我很关心中国具有潜力的区域，"关心"也许不是最恰当的词，应该说"关注"。如果我在一个地区呈现高速增长之前发现它，那就意味着我发现了投资的可能性，也就是"躲在角落的金币"，所以我当然要了解那里。

## 湾区经济新赛道——粤港澳大湾区

### 世界三大湾区

除了带动发展不充分区域的经济外，中国政府正在推动粤港澳大湾区的建设，他们希望使这个地区成为一个国际化的繁荣湾区，并以此带动其他地区的发展。我所知道的湾区有美国旧金山湾区、纽约湾区和日本的东京湾区，它们都是世界上知名的经济繁荣之地，这些区域对所在国的经济发展有着至关重要的推动作用。

旧金山湾区是美国西海岸加利福尼亚州北部的一个大都会区，陆地面积1.8万平方公里，人口超过760万。旧金山湾区里有几个中心城市，包括旧金山、奥克兰和圣荷西等，我们所熟知的硅谷即位于湾区南部。

苹果、谷歌、思科、英特尔等世界知名的科技公司都在旧金山湾区的硅谷，这里的科技创新实力引领世界。近几年，旧金山湾区经济发展超越美国大部分地区，是全美最繁荣的地区之一。

美国纽约湾区作为全球湾区之首，是以纽约为中心的大西洋沿岸城市群，其他主要城市还包括波士顿、华盛顿、费城、巴尔的摩等，陆地面积2.15万平方公里，人口约2340万，约占全美人口的6%，是美国人口密度最高的地区。联合国总部、华尔街的纽约证券交易所、帝国大厦等世界知名的机构与建筑都在纽约湾区。作为世界级金融中心和航运中心，纽约湾区拥有美国第一大城市和港口，是世界第一大经济中心。除了原有的国际金融中心、地产、商业服务、医疗等产业优势外，近年来，文化创意产业也是纽约湾区经济驱动力之一，多元文化形成了众多的时尚、艺术、媒体等产业，科技产业也表现突出。

日本的东京湾区位于本州岛中部太平洋海岸，湾区面积约1.35万平方公里，主要城市有东京、川崎、横滨、千叶等大城市，是世界经济最发达的城市群之一。东京湾沿岸形成由横须贺港、横滨港、川崎港、东京港、船桥港、千叶港、木更津港7个港口相连的马蹄形港口群。东京湾区人口约2600万，人均GDP约为4万美元。湾区产业包括重工业和化学工业，主导产业是制造业，为三菱、丰田、索尼等世界知名企业总部所在地。东京湾区的工业产值占到日本的40%左右，电子、机械、汽车等高端制造业在全球竞争中优势明显。由于周边产业发达且人口集中，东京成为日本最大的国际金融、交通商贸中心。

上述三个湾区目前已是世界上发展最为成熟和完善的地方，它们的共同特点是：具有充满全球竞争力的优势产业集群，如纽约湾区拥有世界级的金融核心枢纽，旧金山湾区具有引领全球的信息科技与互联网产业，东京湾区高端制造业优势明显；研发创新氛围浓厚，经费投入巨大，拥有众多世界一流大学和科研机构，如旧金山湾区拥有斯坦福大学、SLAC国家加速实验室等，纽约大学、普林斯顿大学、哥伦比亚大学等58所世界著名大学坐落在纽约湾区内。

另外，当今世界经济发展的一个重要特征是区域集聚性。全球三大湾区人口集聚效应明显，那里的人在收入方面处于全球较高水平；湾区拥有遍布全球的海、陆、空综合交通网络，提供高效便捷的商业服务，如纽约湾区的曼哈顿CBD中心入驻了全球众多知名金融机构，是世界上最大的跨国公司总部集中之地；东京湾区集中了日本90%以上的全球百强企业。

就像中国农村人口都要到大城市去一样，湾区的海港有开放的环境、高效的资源配置能力，人才、资金、技术等生产要素自然会加速流入，从而成为最具经济活力的区域。

### 创新需要开放

从发展历史看，美国的两个湾区是自然形成的，政府参与较少，只是在知识产权保护、消除行政管理壁垒等方面发挥作用；东京湾区则是主要在政府的规划引导下成型的。各个湾区在对外贸易方面都设立有自由贸易区，希望吸引国际投资。

我知道，目前，粤港澳大湾区也同样是中国经济对外开放程度最高的地区，它将成为中国崭新的、充满活力的和令人兴奋的湾区，并

> 新开发·新高度·新增长

有望成为下一个具有全球影响力的国际科技创新中心。这一点在中国的多次政府报告中都有提及。每当政府决定要做某事时，都有文件或报告问世，你都应该注意，因为其中蕴藏着很多机会。

深圳现在是一个巨大的技术中心，它处于粤港澳大湾区之中，建造了通往澳门的桥梁，正在通过航空、航运、铁路和公路联通世界。中国政府也表示，希望深圳成为中国蓬勃发展的新创业中心。目前正在整合基础架构。如果你想要得到更多的机会，尤其是年轻人如果想要更广阔的发展空间，粤港澳大湾区是个不错的选择。

2018年，四大湾区地区生产总值分别为：旧金山湾区0.84万亿美元、纽约湾区1.72万亿美元、东京湾区1.92万亿美元，粤港澳大湾区1.64万亿美元；就人均来看，2018年四大湾区人均地区生产总值分别为：旧金山湾区10.8万美元、纽约湾区8.4万美元、东京湾区4.2万美元、粤港澳大湾区2.3万美元。值得注意的是，粤港澳大湾区虽然在总量上远超旧金山湾区，也与纽约湾区和东京湾区接近，但在人均地区生产总值上却还有很大差距。

湾区的成功源自开放，源自年轻化。历史表明，越是开放，就越有可能让年轻人开始创造性的工作；越是开放，创意就越多，就越会迸发出更多新奇的想法，像谷歌、苹果、阿里巴巴这样的公司就会出现，这就是开放之美。

美国的湾区就是这样发展起来的，最初只有互联网，随后所有东西都发展起来了。所有聪明人都去了那里，他们相互接触交流，也许在酒吧闲坐、在咖啡馆或餐馆高谈阔论时就会迸发出新创意，这些新创意再发展成令人瞩目的公司。

> **中国赛道**
> 投资大师罗杰斯谈中国未来趋势 >>

"有朋自远方来,不亦乐乎"是孔子说的一句话,孔子早就知道,远方的来客一定会带来新的思想、新的观点、新的方向。就我个人的感受而言,在中国,湾区也正在以这种方式发展,现在的中国正在尽可能地开放。聪明的工程师,怀揣梦想的年轻人,很多来到大湾区。从深圳的变化就能看出来,开放让一个小渔村变为今日的"梦想之都"。

与旧金山湾区相比,中国的优势是有更多年轻的工程师。中国每年毕业的工程师要比美国多得多,他们中的许多人将变得非常出色,他们将成为优秀的工程师和科学家。是的,中国的人才资源将带来难以估量的价值,所以,粤港澳大湾区一定是一个不错的经济增长区域。

港珠澳大桥我还没有机会去亲眼看看,这简直是不可思议的工程!它是一座连接香港、珠海和澳门的桥隧工程,2018年10月24日正式开通。桥梁、高速公路、铁路为粤港澳大湾区锦上添花,让大家联系更紧密,这会使湾区更开放。试想人们可以开着车,到澳门、广州的酒吧坐坐,或者去深圳的一家餐馆,偶然间遇到另一个与他有着同样新奇创意的陌生人,这将会带来什么,谁知道呢?

## 未来区域经济增长点

### 顺应大趋势

通常,我去到一个地方时,会深入城市以及周边有趣的地方。如果可能的话,我总是喜欢去一个城市最"危险"的地方,在那里你会

> 新开发·新高度·新增长 **10**
NEW DEVELOPMENT, NEW LEVEL, NEW GROWTH

发现城市最真实的情况。我喜欢同时了解最糟糕和最好的部分，但往往最好的部分更容易找到，因为每个人都愿意告诉你最好的。

有一次，我在东京，NHK（日本广播协会）电视台打算跟拍我在东京的一天。跟拍工作人员问我：您今晚想做什么？我说我想去你们这里最危险的地方。他们说东京没有危险的地方，于是我问警察：东京危险的地方在哪里？警察告诉了我，可是，NHK的工作人员却说，我们不能去那里，建议你也不要去，太危险了，你会没命的。看他们的反应，我还以为那个地方可能有黑手党之类的人。当我们到了那里后，我发现没有黑手党，也并不像他们说的极度危险，我甚至觉得无聊。其实无论你恐惧的是什么，往往等你到了城市危险区域时，你发现大多数情况下其实都相当无聊。对此，我已经很有经验了。不过，我仍然认为，看到城市的正反两面，才能真正了解这个地方。

我去过中国很多地方，我曾经骑着摩托车、开着汽车，从新疆到上海，从西到东穿越中国。也许我比很多中国人去过的地方还要多，但没去过的地方也不少。这里面，山东烟台是我想去的地方，烟台的苹果非常有名，我想去尝尝。当然，一个城市吸引我的不光是美味，还有很多原因，如果可以，我依然希望有机会走遍所有的地方。

记得第二次来中国，我去了福建，我每天很早起来，我自认为起得够早。通常，清晨我就骑着摩托车出发，在路上总是可以看到已经在田间劳作的人。旅行中，每到一处我都喜欢尽可能地走进当地人的生活。我听到中国人总是在谈论怎样教育他们的孩子，他们总是在计划怎样可以让家里人过得更好，怎样能多存一些钱。即使当时很多中国人家里都没有什么钱，但对我这样的"外来客"，他们也会准备最丰盛的菜肴招待我。我非常受触动，这个地方与我去过的世界上大多数地方都不一样。因此，我开始对中国进行越来越多的研究，最终，我得出的结论是：21世纪是中国的世纪，中国将成为世界上下一个伟大的国家。这就是我看好中国、投资中国的原因。

我常说，选择投资区域的时候，要注意观察和思考，顺应大趋势，争取获得最大助力。比如1919年在英国投资，当时它是世界上最富有、最强大的国家，但也是盛极而衰的时候。当它开始衰退的时候，大多数人没有意识到这一点。因此，在过去的一百年中，你还可以在英国赚到钱，但是有难度，因为趋势已经改变了；可如果你在过去的四十多年间在中国寻找致富机会，就要比在英国致富容易得多，你会得到很大的助推力，这种力量就来自趋势的改变。

### 去寻找地区强势行业

一旦我确定要投资，我就会寻找一个地区的强势行业，比如巴基斯坦的棉花是出口量最大的商品，而沙特阿拉伯是石油。我试图弄清楚对一国而言极为重要的产业。当然，有些国家涉及的产业会有很多，但我必须找出当地的强项是什么，弱项有哪些，再从强项里面选出最大的、最有实力的公司进行投资。这个逻辑其实很简单，一个国家或地区一定会保护自己的优势产业，扶植能获得良好发展的公司，甚至会给予一些政策上的辅助，这样，优势产业和有潜力的公司才能发展得更快，也同时具备一定的抗风险能力。

现在，对于中国区域发展的状况我们已经有所了解，顺着这样的趋势，未来的经济增长点又在哪些行业呢？

首先，各个区域的优势产业未来发展肯定是向好的，尤其是产品价格还处于较低水平的产业。比如东北地区的农业，其中在A股上市的公司就是很好的投资标的，还有中部地区的制造业。

不过，各个地区的经济发展和优势产业众多，情况比较复杂，需要你实地去调查、了解和辨别，只有真正具有不可替代的优势才能在未来国内及世界市场的竞争中长久地发展下去，也才能真正做到资源配置的最优化。这样做并不容易，我的人生经验告诉我，如果别人告诉你什么是最好的，这只代表别人的观点，未来是否能如他所说，其实存在诸多变数。

其次，随着经济热点地区或者湾区布局的出现，中国全方位参与到全球经济发展与资源配置中，区域优势会出现怎样的变化，这是需要仔细思考和观察的。比如粤港澳大湾区将成为世界级城市群，其中战略性新兴产业具体有哪些？科技创新涉及哪些领域？哪些企业的发展将引领世界？现代服务业与海洋经济又会产生哪些前景广阔的公司？你需要思考诸如此类的繁杂问题。

**资本市场的能量**

区域经济发展过程中，科技创新、商业创新往往会催生出前景广阔的伟大公司，但发展初期都离不开资本投入，这也是很多创新公司急切想在证券交易所上市的原因，它们需要借助资本市场的强大融资功能，发展得更快更好。目前，粤港澳大湾区中，有两家证券交易所，一家在深圳，一家在香港。深圳的证券交易还不允许外国人直接参与，外国人只能通过香港交易所来投资股票。不知道以后这两家会不会合并，那样的话，大家投资会更方便。

目前A股新上市的公司中，很大一部分就是来自各地传统优势产业和高新技术类公司，涉及行业包括计算机、互联网信息技术、通信、电气机械、医药制造、文化娱乐等。其中，粤港澳大湾区内的公司也有不少。

此前就听说深圳、东莞等地在电子技术、信息产业等方面有很强的优势。新一代通信技术和移动互联网高速发展，将为这一地区带来巨大的商机。如果将深圳的科技创新与香港的金融服务结合，再加上澳门的娱乐产业，湾区将是一个充满能量的区域。

### 区块链

近年来，区块链成为大家比较关注的领域，也是互联网科技投资的一个热点。说起区块链，大家一般都会想到比特币之类的加密货币。我对加密货币的未来不持乐观态度，但加密货币与区块链技术是两回事，我感兴趣的是区块链技术。

此前，我曾投资一家金融科技企业，这家企业利用区块链技术帮助解决传统金融领域中存在的一些问题。由于金融交易存在信任度、交易记录安全性等需求，此前的交易方式成本较高、效率低，并且容易受到网络攻击和篡改，而使用区块链分布式账本技术则可以极大地降低成本，这是一种比较好的技术。

区块链技术主要包括密码学、共识算法，是在现有的加密技术上，利用互联网、数据库、分布式账本和共识机制等技术，对真实记录下来的数据进行保护。除此之外，区块链技术可以应用的地方很多，如数字票据、交易清算、跨境支付、供应链金融等。

我认为，未来趋势是包括中国在内的全球所有银行都将发生巨大变化。大多数银行业务将转移到互联网上，区块链技术将导致大部分银行工作人员失去工作。零售业务将继续是银行业务中十分重要的部分，甚至可能更重要，但这些业务都将在网上进行。当我的孩子成年后，她们也许永远也不需要去银行的营业厅了，她们可以在网上办理所有业务。

在中国，货币已经数字化了，钱都在手机里，很少人用现金，大家平时口袋里基本没有纸币。现在，我带着现金，但很少花得出去，无论是买东西还是坐出租车，人们都倾向于手机支付。在货币数字化方面，中国远远领先世界，这是中国经济发展更快的又一个例证。

# 11

## 拥抱人类命运共同体

EMBRACE THE SHARED FUTURE FOR MANKIND

"和羹之美，在于合异；上下之益，在能相济。"调和、协作是根植于中华文明和中国外交实践的真诚愿望与追求。2012年，中国国家主席习近平提出，"国际社会日益成为一个你中有我、我中有你的命运共同体"。面对世界经济的复杂形势和全球性问题，任何国家都不可能独善其身。2013年，中国国家主席习近平提出建设"丝绸之路经济带"和"21世纪海上丝绸之路"的合作倡议，那么"一带一路"的新赛道上蕴藏着哪些机遇？中美两个大国贸易摩擦不断，中国如何应对"危"与"机"？新冠肺炎疫情的到来，国际上股市、原油市场出现剧烈震荡，无数资本一夜蒸发。疫情+暴跌让人们深受打击，面对这样的情况，我们应该如何调整自己的资产组合，尽可能降低风险？疫情过后全球经济格局又将发生怎样的变化呢？

## "一带一路"赛道上的机会

一般来说，为了更好地协调管理，更合理高效地利用不同区域市场的生产、资源优势，让所有人都能买到价格便宜、质量更好的商品，就需要把一些彼此分割开的管理区域连接起来，建成一个共同的更大市场，如长三角一体化、粤港澳大湾区就是在做这样的事。

当然，区域经济也可以是某几个国家之间的事。不同国家在连接时，需要沟通的事情更多，货币兑换就是首先要解决的问题。另外，诸如运输、重量单位标准的使用、纠纷的解决等都是需要协调沟通的内容。

邻近的国家之间平常就有生意上的往来。如果两国的经济发展程度差不多，那么在沟通上可能就方便些；如果两个国家之间的贫富差距较大的话，再加上不同的文化传统、法律制度，沟通上就存在很多麻烦，甚至出现无法沟通或解决的情况。

我在周游世界的时候就喜欢观察不同国家拥有的优势。比如当地汽油特别便宜，就说明这里石油特别多，能源产业发达；比如棉花特别便宜，那这里的纺织业可能就会领先。如果这些拥有能源的国家与种植棉花的国家做生意，那么双方都会得到好处。

目前，世界各个国家和地区之间已经形成了多种市场连接的方式，比如关税协定、自由贸易区，或是像欧盟那样产生一个连接更紧密的，使用同一货币（欧元）的经济联合体。

之所以只是在部分区域形成这样的经济连接，而不是在世界上所有国家之间建立这种连接，是因为有些国家之间的贫富差异极大，相互之间可以利用的市场经济价值很小，完全没法做到让双方都得到好处。中国随着经济发展变得越来越富裕，制造业越来越发达，与别国可交换的东西也就越来越多。

我从20世纪80年代开始在中国投资，因此我对于中国领导人的消息以及中国政府提出的战略都格外关注。2013年3月，中国国家主席习近平在莫斯科国际关系学院的演讲中，提到"命运共同体"的概念；4月在出席博鳌亚洲论坛年会时，他首次提出"树立命运共同体意识"；同年9月，在出访哈萨克斯坦和印度尼西亚时，习近平主席先后提出共建"丝绸之路经济带"和"21世纪海上丝绸之路"的重大倡议，这就是现在我们经常在新闻中听到的"一带一路"倡议。

无论是"命运共同体"还是"一带一路"倡议，我都深表认同，这是当代中国领导人、中国政府非常睿智的决策。如今全球化的大潮势不可逆，中国政府的这些战略，代表了全球化的又一风向标。

"经济全球化"最早是由T. 莱维于1985年提出的。国际货币基金组织认为："经济全球化是指跨国商品与服务贸易及资本流动规模和形式的增加，以及技术的广泛迅速传播使全世界各国经济的相互依赖性增强。"经济全球化是人类发展的必然结果，如果将整个地球比作一个工厂，想要不断提高生产效率，就唯有各个"部门"协同合作，其中任何一处出现问题，都会对整个链条产生影响。经济全球化是一把

> 拥抱人类命运共同体  11
EMBRACE THE SHARED FUTURE FOR MANKIND

"双刃剑"。由于科学技术的不断发展，缩小了各国的距离，使世界经济愈发融为一个整体；并且国家不论大小、贫富、强弱都有平等参与国际经济事务的权利，"游戏规则"的制定不能仅由少数国家或集团说了算，发达国家甚至有责任帮助发展中国家，通过加强经济合作，实现共同发展。

中国有句话叫作"你中有我，我中有你"，我觉得这就是命运共同体的意思。地球上的各个国家、民族和个人，虽然大家不是在同一间屋子、同一个区域生活，但通过与同伴分工协作生产优质的商品，并在全球市场上售卖，我们可以赚到更多钱，拥有更好的生活。

"一带一路"倡议就是实现人类命运共同体的一个重要方式，它源自中国，但却是造福全世界的。"一带一路"倡议坚持共商、共建、共享原则，为推动全球治理体系变革和经济全球化做出中国贡献。

共建"一带一路"将跨越处于不同发展水平、不同文化的国家和区域，它是一个开放包容的平台，是大家共同打造的全球公共产品。联合国秘书长古特雷斯曾指出，共建"一带一路"倡议与联合国新千年计划宏观目标相同，都是向世界提供公共产品。共建"一带一路"不仅促进贸易往来和人员交流，而且增进各国之间的了解，减少文化障碍，最终实现和平、和谐与繁荣。

中国一带一路网发布的《共建"一带一路"倡议：进展、贡献与展望》报告显示：

2013年以来，共建"一带一路"倡议以政策沟通、设施联通、贸易畅通、资金融通和民心相通为主要内容扎实推进，取得明显成效，

> *中国赛道*
> 投资大师罗杰斯谈中国未来趋势　>>

一批具有标志性的早期成果开始显现，参与各国得到了实实在在的好处，对共建"一带一路"的认同感和参与度不断增强。

其中，设施联通是共建"一带一路"的优先方向。在尊重相关国家主权和安全关切的基础上，由各国共同努力，以铁路、公路、航运、航空、管道、空间综合信息网络等为核心的全方位、多层次、复合型基础设施网络正在加快形成，区域间商品、资金、信息、技术等交易成本大大降低，有效促进了跨区域资源要素的有序流动和优化配置，实现了互利合作、共赢发展。

比如中国、白俄罗斯、德国、哈萨克斯坦、蒙古、波兰和俄罗斯等7国铁路公司签署了《关于深化中欧班列合作协议》。截至2018年底，中欧班列已经联通亚欧大陆16个国家的108个城市，累计开行1.3万列，运送货物超过110万标箱，中国开出的班列重箱率达94%，抵达中国的班列重箱率达71%。中国与"一带一路"沿线国家开展口岸通关协调合作，提升通关便利，平均查验率和通关时间下降了50%。

中国与126个国家和地区签署了双边政府间航空运输协定。与卢森堡、俄罗斯、亚美尼亚、印度尼西亚、柬埔寨、孟加拉国、以色列、蒙古、马来西亚、埃及等国家扩大了航权安排。截至2019年的五年多来，中国与"一带一路"沿线国家新增国际航线1239条，占新开通国际航线总量的69.1%。

我曾经说过，从全球历史发展角度看，21世纪最重要的事情就是共建"一带一路"，这是21世纪最重要的基础设施建设项目，这会改变全世界的地理状况，如同五百多年前发现新大陆一样。"一带一路"去到的地方将蓬勃发展并持续繁荣，到目前为止，中国在"一带一路"

> 拥抱人类命运共同体
> EMBRACE THE SHARED FUTURE FOR MANKIND

沿线国家一直在做对的事情，一直在建设、在投资，并且提供技术援助。

可能有些人会说，为了建设基础设施，中国在这些项目中有大量贷款，让参与的国家背上了债务，借债是有风险的。是的，债务过高的确不是一件好事，但如果在参与国能够承担的风险范围内，借钱做正确的事，那这些国家将以最快的速度完善基础建设，引入先进技术，从而在未来为这些国家带来巨大财富。

19世纪时，欧洲人在美国的铁路上投入了大量资金，铁路交通蓬勃发展，遍及每一个城市，许多人因此发了大财，但其中也有一些人却因项目失败而破产。世界就是这样，我们不用过多担心。

同样，在中国"一带一路"倡议下，也会有某些合作项目没能成功，甚至受到一些人批评、质疑，但是，不要忘了，成功的项目会更多，那会使当地经济变得更好，让当地人变得更富裕。因此，坚持做对的事情，就没有什么可担心的。

根据我的判断，哈萨克斯坦、俄罗斯、缅甸、中欧以及所有正在进行"一带一路"项目的地方都应该发展得很好，比如中国在斯里兰卡兴建港口、中缅两国共建经济走廊，这些都将为这些国家的经济腾飞提供强劲动力。

如果你能够弄清楚哪个地区会繁荣发展，你到那里去投资就可能获得成功。唯一应该注意的就是控制投资风险。人们可能会在铁路上投入太多的钱，在港口建设上投入太多的钱，在城市建设上花太多钱，投入太多就意味着高风险。就像此前，我举过的投资美国无线电公司的例子。无线电技术依然发展得很好，每个美国人也经常听广播，但是，如果你以错误的价格投资无线电，就会损失很多钱。因此，如果花了太多钱，那么不管你的想法多么好，亏钱的可能性都会增大。

我早已开始在"一带一路"沿线国家投资，比如俄罗斯就是我的主要投资国。不过，我在缅甸目前没有任何投资，因为我去那里投资还不合法。几年前，我去过斯里兰卡，那里可能还不错；哈萨克斯坦我还在了解，目前还没有做好足够的功课。

至于重点投资的行业，我没有特别限制。农业、制造业方面都有，我想在俄罗斯找到铁路投资项目，但目前主要是国有独资的，外国人没法进入。现在大宗商品已经是在全球市场销售，比如商品市场的铜价走势不错，那么全球铜价都会涨，无论是在阿根廷还是在中国。

其实，现在我投资项目的时候，已经不一定亲自到访那个国家了，曾经我是这样做的。首先，我的经历更加丰富，知识、经验也更充足，可以做出适当的判断；其次，现在有了互联网，你几乎可以找到任何想要的信息。不过，如果你要深入研究，我建议你真的可以花点时间亲自去一趟，那将成为你不会忘却的体验。

## 人民币国际化的利好

"一带一路"、自贸区、粤港澳大湾区发展不但让参与中国经济发展的国家受益，同时也让全世界更大范围地使用人民币。

中国央行数据显示，2018年，中国与"一带一路"沿线国家办理

> 拥抱人类命运共同体
> EMBRACE THE SHARED FUTURE FOR MANKIND

人民币跨境收付金额超过2.07万亿元，占同期人民币跨境收付总额的13.1%，其中货物贸易收付金额6134亿元，直接投资收付金额2244亿元，其他投资收付金额3331亿元，跨境融资收付金额3132亿元。

截至2018年末，中国与21个"一带一路"沿线国家签署了本币互换协议，在8个"一带一路"沿线国家建立了人民币清算机制安排，有6个"一带一路"沿线国家获RQFII额度，人民币与9个"一带一路"沿线国家货币实现直接交易，与3个沿线国家货币实现区域交易。

自2005年以来，中国央行一直在努力完成人民币与其他国家货币的自由兑换。过去十年，人民币国际化的功能主要体现在国际支付和结算方面，今后的方向将是使人民币成为可自由兑换的货币。就我来说，我希望人民币自由兑换实现得越快越好，最好是今天，现在就实现。

当然，中国正在以自己的行事方式实现这一目标，中国央行认为，人民币国际化是市场驱动和水到渠成的市场化过程。

截至2018年末，跨境人民币业务政策已经实现全覆盖。凡是外币能做的，人民币都能做，而且更为便利。如个人的雇员报酬、社会福利、赠家款等可以实现人民币跨境收付；境外投资者可以用人民币进行直接投资，取消相关账户开立和资金使用等方面限制，确保境外投资者的人民币利润、股息等投资收益依法自由汇出；明确了境内企业在境外发行债券、股票，募集的人民币资金可按实际需要调回境内使用。

截至2018年底，人民币已连续八年为中国第二大国际收付货币，全球第五大支付货币、第三大贸易融资货币、第八大外汇交易货币、第六大储备货币；全球已有60多个央行或货币当局将人民币纳入外汇储备；超过32万家企业和270多家银行开展跨境人民币业务，与中国发生跨境人民币收付的国家和地区达242个。

如果人民币实现了自由兑换，和欧元、澳元或其他多种货币一样，汇率的下降或上升，将有助于解决贸易战问题。人们可以在需要时，方便地将钱汇入和汇出中国，去做想做的任何事情。另外一个好处是，这将是一种良性循环。当中国遇到什么麻烦事情的时候，比如经济增长放缓，曾经流入的钱就会撤走，人民币就会贬值；当人民币贬值，中国向世界出售的东西就会便宜，全世界的人都会涌来买中国的商品，经济就会重新好起来，这能帮助解决中国经济增长放缓的问题。如果中国经济很好，人民币就会升值，这意味着你有能力从世界各地购买更多、更好、更便宜的商品，这也会对中国有利。因此，人民币自由兑换也意味着决定人民币价值的不是政府，而是全世界70亿人。

从历史上看，市场往往比政府更能处理好金钱的价值问题，可自由兑换的货币有利于一个国家的长远发展。但目前，世界上还是有一些国家的货币不能自由兑换，如印度。

同样地，人民币自由兑换会带来人民币资产价值变化，比如房产。当人民币自由兑换后，世界上有很多人会把钱带进中国，购买房产等资产，当然也可能是别的。之前没有购买资产的一个原因是，钱带进中国后就不方便再带出。而人民币自由兑换这种变化可能会带来一些投资机会，届时全世界的人对人民币和中国的看法会对资产价值的升跌产生影响。

> 拥抱人类命运共同体　11

EMBRACE THE SHARED FUTURE FOR MANKIND

我试图向世界上的每个人解释，要合理地配置部分资金，将此当作一种分散风险的办法。持有一部分黄金是一种办法，另外也可以通过金融工具，做一些外币投资，这样既能获得赚钱的机会，也可以分散风险，但是现在，我更愿意把钱投在中国。

美国现在是世界上第一大经济体，因此，美元比其他几乎所有货币都强势，这意味着美元能换到更多别国的货币。随着中国经济实力的不断增强，美元换人民币的数目可能会越来越少，就是说人民币升值了。当然，这个过程需要时间，现在美国指责中国操纵汇率的说法是荒谬的，主要还是因为人民币不能自由兑换。中美贸易争端也与这个有关，如果人民币可以自由兑换，市场会告诉所有人这一结论，到那时美国的说法也就站不住脚了。

就目前的美元与人民币的汇率走势来看，未来三到五年的时间里，美元仍将走强，变得强势。在下一个经济问题出现以后的一段时间，许多人会买美元，因为他们担心经济进一步下滑，当人们害怕时，会持有更多安全的货币。

但我的看法是，人们认为美元安全的观点是不准确的。当美元变得过于强势的时候，往往伴随下跌的风险，而人民币可能就会变得非常坚挺。现在越来越多的国家在寻找可以替代美元的货币。过去十年美元都是霸主，但是现在美国的行为可以说是搬起石头砸自己的脚。中国、俄罗斯、伊朗等国家都在寻求和创造能够与美元抗衡的货币系统，以及能够和世界银行、国际货币基金组织相抗衡的机构。这不能怪别人，是美国的所作所为迫使其他国家不得不寻求替代的方式，等到很多年后美国思考"美元出了什么问题"的时候，已经为时已晚。

> **中国赛道**
> 投资大师罗杰斯谈中国未来趋势 >>

我预测在2030年以前,美元就将失去储备货币的地位,虽然我不希望,但是美元会可预见地失去强势地位。

我之前说过,你自己要去了解影响汇率变动的线索,如果你不了解美元,不了解汇率变动的规律就不要在外汇上押注,不要因为有人说要这样做,就去做这件事,控制风险永远都是第一位的。

## 中美贸易争端的"危机"

就人的特征、属性来说,中国人与美国人区别不大,只是外显的诸如语言、外貌与生活习惯不同;就两个国家而言,美国现在是世界上整体实力排名第一的国家,因此美国更自大;而对比两国的年轻人,他们都喜欢跳舞、唱歌、开派对,男孩、女孩都会被心仪的异性吸引,他们的父母都希望自己的孩子健康、快乐,实现理想。全世界的人都想要幸福,我们的心是一样的。

中国人吃饭时用筷子,美国人用叉子;中国人踢足球,美国人玩棒球。我观察到,中国人比美国人更加节俭,更勤奋,更有上进心。但我在世界各地的环游中发现一个现象,人们会因为未知而感到恐惧,这种未知也包括对不同种族人的皮肤、语言、宗教、食物、服饰的疑惑。

在人类社会发展的历史中,一个国家实力处于领先地位,此时另一个国家开始崛起,最初大家觉得没什么关系,但随着崛起国家的实力不断增强,处于领先地位的国家可能就开始将其视为一种风险了。因为,领先国家发现自己的生意被抢走了。

> 拥抱人类命运共同体
EMBRACE THE SHARED FUTURE FOR MANKIND

11

许多美国人不太愿意接受中国正在崛起的事实。不是因为中国本身，就算火星崛起，他们也会生气。现实就是这样，只要有新兴国家正在崛起，处于领先地位的国家就不会喜欢它，而将其视为威胁，历史上也总是如此。

2018年3月，美国对从中国进口的约600亿美元商品大规模加征关税，并限制中国企业对美投资并购，由此发起贸易战。2020年1月16日中美双方签署第一阶段经贸协议，暂时进入停战阶段。中美贸易第一阶段协议签署后，会发生什么还需要观察。当这不能挽救美国时，美国总统特朗普仍把矛头指向中国，他甚至责怪所有人。这让贸易争端重新爆发。我认为发动贸易战完全是不理智的行为，它会伤害到两个国家，会伤害全球的利益。我希望美国政府能更理智一点，我希望美国政府能关注美国真正的问题。

美国人的医疗保险成本极高，在医疗方面的花费比世界上其他任何地区都多，但美国人却没有得到良好的医疗保障；美国在教育上投入了很多钱，但在美国只有一部分孩子可以享受到优质的教育资源，大部分孩子什么都学不到，教育资源分配严重不均。美国在无谓的地方花了太多钱，资金消耗得毫无效率，导致如今负债累累；美国是全世界历史上最大的债务国，美国人借了巨额资金并挥霍一空。是美国在犯错误，但美国人并不愿承认是自己的问题，反而责怪中国，因为这样做更容易。

中国正在崛起，美国经济持续走低，这是一个不争的事实，而美国政府却将责任归咎于中国。到目前为止，中国的表现更加克制、谨慎。

> *中国赛道*
> *投资大师罗杰斯谈中国未来趋势* >>

从中美贸易争端双方的诉求来看，美国正在提出荒谬的要求，他们要中国为美国制造的问题负责。贸易争端将导致经济再次倒退，下一次会比之前更糟，贸易战对任何人都不是好事，这将导致更严重的问题，没有人是绝对的赢家。

就个人而言，我们应该为糟糕的时期做好准备，要非常小心自己的债务，也要小心其他有债务的人，尽量避免让公司出现更多的负债，尽量避免公司与西方进行大量贸易。当你的客户遇到问题时，你当然也不会置身事外。

贸易争端也将影响所有投资市场，比如股市，你我也许将经历历史上最糟糕的熊市。贸易战向来对世界经济不利，甚至对于没有参加贸易战的国家来说也是如此，这是一种连锁反应，每个人都会遇到麻烦。

同时，我必须要说，这次世界经济衰退持续的时间恐怕会比较长，因为全世界的债务都越来越高。2008年，就是由于债务太多，全世界经济都出了问题。在这之前，中国未雨绸缪地存了一大笔钱，于是中国开始修建基础设施、发展房地产、购买美国国债……这对中国稳定自身经济，同时稳定世界经济，起到了巨大的作用。而现在，所有国家的债务都比此前更高，也包括中国，所以这次的经济衰退大家要格外小心。

全球经济问题将改变很多事情，许多公司将破产，甚至一些国家将破产，而历史上糟糕的经济时期往往导致战争发生。所以，大家需要警惕，也需要做好准备。

> 拥抱人类命运共同体
EMBRACE THE SHARED FUTURE FOR MANKIND

中文有一个词叫"危机",这个词太绝了,在西方语言中没有这样的词。中文里的"危机"不仅仅表示危险、困境,也寓意着生机和机遇,两者相互转化,相互依存,这也是一种东方智慧的体现。中美贸易争端,从好的一面看,也会带来机会。例如中、俄两国的关系更加密切了,中国和俄罗斯在很多方面,如天然气、贸易、旅游,都有合作,这将带来繁荣。是美国把中、俄两国推到一起,其实这对美国不好,但美国总统完全不明白他在做什么。

## 全球经济降"瘟"

2020年伊始,突如其来的新冠肺炎疫情让全世界不知所措,原本增长减缓的全球经济更是突遭变故、雪上加霜。各大媒体就未来经济的走势与我此前的观点进行对照,提出不少新问题,在此我略作说明,希望能够帮助大家。其中,比较引人关注的是原油价格的暴跌,全球股市的大跌,特别是美股熔断。

我想先强调一下,恐慌和新冠肺炎疫情都是暂时的,人们一定会携手战胜这些困难,生活还要继续,最终大家都会没事的。

此次与新冠肺炎疫情一同爆发的沙特和俄罗斯等产油国之间的"价格战",引发全球商品市场油价持续加速下跌,这种恐慌性的抛售,更加剧了投资者的恐慌情绪。

其实,商品市场价格动荡从来没有停止,当有无法预料的重大事情发生时,价格就会剧烈波动。当然,这样的事情发生时,也会带给准备买入的投资者机会,在别人抛售的时候买入,你总能买得便宜,也就更容易赚钱；当然不参与商品期货交易的人也会乐见油价下跌，因为需要购买的石油更便宜了。如果换一个角度来看，油价持续在低位，反而可能会帮助债务比较少的国家和地区尽快走出危机。

至于出现负价格，这并不正常，不符合商品交易的基本常识。可能的情况就是所有储油的地方都装满了油，在当前的经济状况下，又没人来买，而需要交易的原油仍在进入市场，那么只能支付费用找人来处理多余的原油了。市场在传导价格信号时会有一个时间延迟，当大家都知道卖油不能赚钱，还需要支付其他费用时，就没人干这事了。这是市场自我修复能力的表现。

当然，通过观察商品原油市场价格的这种恐慌性抛售，我们可以知道，接下来会有石油公司破产，比如美国的页岩油行业不容乐观，中东地区依赖原油生存的国家将出现更多的问题。我了解到，受原油价格的影响，新加坡一家很大的航运公司已经破产了。

另外，受到低油价困扰的还有新能源产业，由于此前的高油价、环境保护等问题，人们一直在寻找石化能源的替代品，开发出新的能源，如风能、太阳能等。随着技术的进步，未来可能会有更优良的新能源产生。但石油在我们的一生中，当然也在我的有生之年，人们仍然不得不使用它，毕竟，相对煤炭来说，石化产品的使用效率可能是更优的。我曾投资过一家中国的煤炭公司，但收获有限。

我认为，未来十年，中国将成为全球最大的能源消费国。也正因如此，中国正在不断发展新能源技术。2015年中国就已经超越德国，成为世界上最大的光伏发电国。我还没有在新能源上投资，对于这个产业，我正在研究，如果能找到好公司，我当然会投资。

> 拥抱人类命运共同体

EMBRACE THE SHARED FUTURE FOR MANKIND

再来看看股市。全球经济因新冠肺炎疫情带来的恐慌而严重衰退，反应最为迅速且剧烈的恐怕要数股票市场了。我们看到美国股市指数一度出现断崖式下跌，持续多年的牛市出现了有史以来的罕见跌幅。

2008年金融危机以来，美联储印制了更多钞票，导致股市指数不断创出新高，近两年来更是加速上涨，直到2020年2月还处于历史最高指数位置。但市场的疯狂还是未能让道琼斯指数突破30000点。3月下旬，美国股市指数在大跌30%后，出现了强劲反弹，一个重要原因就是美国政府为了稳住股市，急迫地采取了一些行动；但所有人为稳定股市采取的措施，最终都只能让股市变得更糟。

为了挽救因疫情带来的经济冲击，2020年3月底，美国提出2万亿美元的财政经济刺激计划。这个数字是非常可怕的，短期内或许能稳定市场，不过巨量的债务将带来无法预料的后果。从经济长远发展角度考虑，发挥市场自我调节作用，能够更好地处理眼前的问题。美国政府出手干预似乎让事态变好了，但累积的债务迟早会来清算的。

疫情期间，美国政府给每个公民发1000多美元补贴，当然如果你能拿到这笔钱，这会对你有帮助，但并不足以解决问题。在经济衰退的大背景下，很多人仍然会破产，很多公司仍然会破产。是的，**市场出清、更新的过程并不好受，就像一场突发的山火，它会烧毁枯死的树木，但也会让森林获得新生。经济也是靠这样的方式复苏的，世界从来都是如此。**

现在的年轻人可能没有经历过这样的情景，因此，可能不理解我在说什么。在全球衰退的大环境下，人们会惊慌失措、破产、失去工作、抛售一切，他们没有选择，而这样的经济环境和股市震荡都不是

> **中国赛道**
> 投资大师罗杰斯谈中国未来趋势 >>

两三个月就能完结了事的，它会持续很长一段时间。

与此相比，中国股市的表现则好一些，或者说，2020年中国的股票市场比其他国家的股票市场表现更好，整个经济复苏的力度更大。背后的原因，一方面是中国疫情开始得早，政府控制疫情比较坚决果断，效果也远好于其他国家；另一方面是中国政府采取的有利于经济发展的措施比较有效，并没有像美国那样向市场投入更多流动性资金，比较理性。

另外，中国的股票市场目前还处于相对低位，如果你问，中国股市具体会在什么时候走出超级牛市，我无法预知，也许你可以多看看中国中央电视台的新闻。我的确看好中国股市，得出这一判断，立足的是更长远的周期，就算未来发展过程中，中国经济会经历波折，但历史上哪个正在崛起的国家不是如此呢？

至今，当全球经济都处于衰退之中时，中国则是一艘相对安全的船，并且复苏的潜力更大。经济相对安全是说，中国经济远比世界上大多数国家和地区要好，并保持了不错的增长势头。

新冠肺炎疫情及全球范围的股市大跌，短期内更多的是影响投资者的情绪。当然中国股市也无法避免，这也可能导致部分中国企业破产，但中国政府会通过各种能动用的经济政策工具帮助企业渡过难关。其实，部分企业破产并不可怕，市场经济规律自然的修复功能同样能帮助中国清除一些"森林中的枯木"，反而让中国实现更长远、更健康的经济增长。

中国与美国在世界经济中的角色这些年一直在发生变化，这种变

> 拥抱人类命运共同体
> EMBRACE THE SHARED FUTURE FOR MANKIND

化趋势将会在21世纪持续进行，尤其在此次危机爆发后，变化将会加速。

加速变化的原因，不只是中国经济方面的潜力。我们可以看到，此次新冠肺炎是近百年来人类遭遇的全球性流行病之一，给全世界人民的生命安全和健康带来极大的威胁。而此时也正是考验各个国家保护本国人生命安全的决心的时候。

中国政府把人民的生命财产安全放在第一位，倾全国之力阻断病毒传播，降低疫情给人民生活带来的影响。当中国的某个城市或区域发生疫情，我们看到的是快速的行动力。降低该区域的人员流动性，同时进行全员核酸检测，这种方式可以最快速地控制疫情，虽然短期之内会给人们的生活带来一些不便，但是中国的人民都很理解、配合，这在西方国家是做不到的。

中国政府还积极呼吁全球范围内携手应对疫情挑战。中国国家主席习近平先后同几十位外国领导人和国际组织负责人交流，积极呼吁各方树立人类命运共同体意识，并在第73届世界卫生大会视频会议开幕式上，呼吁各国团结合作战胜疫情、构建人类卫生健康共同体，并提出加大对非洲国家的支持等六点建议，还在致辞中做出了两年内提供20亿美元的国际援助等一系列重大承诺。

中国政府发布的《抗击新冠肺炎疫情的中国行动》白皮书显示，在自身疫情防控仍然面临巨大压力的情况下，中国政府向世界卫生组织提供两批共5000万美元的现汇援助，截至2020年5月31日，中国共向27个国家派出29支医疗专家组以提供帮助。在防疫物资方面，中国除了满足自身需要之外，还为各国的采购提供力所能及的支持和便利，

> **中国赛道**
> 投资大师罗杰斯谈中国未来趋势 >>

出口防疫物资涵盖了口罩、防护服、呼吸机、检测试剂盒、测温仪等等。2020年1—4月，中欧班列开行数量和发送货物量同比分别增长24%和27%，累计运送抗疫物资66万件，为维持供应链畅通、保障抗疫物资运输发挥了重要作用。除此之外，中国地方政府、企业和民间机构，以及个人，也通过各种渠道向150多个国家、地区和国际组织捐赠了抗疫物资。不管从短期对自身经济发展采取的举措来看，还是从长期构建人类命运共同体的目标来看，中国作为一个大国都是有担当的。

现在，我们再回顾前面各个章节提到的，中国各个行业发展现状与成长潜力，可以想见中国的未来是多么值得关注。我此前一直都在说的"21世纪属于中国"的观点并没有改变，突如其来的疫情更加佐证了这一看法，现在，我会更加坚定地说：投资中国就是投资世界的未来！

## 我的准备

当然，我肯定已经为此做好了准备。我的孩子一个13岁，一个18岁。她们从小就学习中文，并且学得还不错，因为中国在她们的有生之年将是世界上最重要的国家。这是我早年多次来到中国，亲身了解之后的判断，并且从未改变。虽然每个人、每个家庭，或者是公司，乃至于国家，在成长崛起的路上不会是一帆风顺的，但趋势不会变，投资中国才是明智的选择。

以上是从投资趋势的角度分享了我的观点；从个人或者家庭资产

> 拥抱人类命运共同体 11
EMBRACE THE SHARED FUTURE FOR MANKIND

分配的角度来说，近几年来，我多次说过美国股市风险极大，因此我早已抛售了持有的美股。同时，我又买入一些早先持有的中国红酒公司（张裕）的股票。虽然航空股此次受到较大冲击，但我持有的中国航空公司股票并没有卖出；如果可能的话，也许还会再买入。不过，为应对即将到来的经济衰退，我也抛售了少量资产，持有的一些股票处于亏损中，但并不多，我会继续持有。除了股票，我一直持有美元和一些黄金、白银。

黄金，对任何人来说，作为一种保险，都应该持有一些，你可以从口国的银行购买，而且你把它放在壁橱中或为孩子们作为教育基金存储下来，都是很容易的事。黄金是非常好的保险，而且如果时机恰当，黄金和白银也可以有很好的收益。我恰好认为，我们即将进入持有黄金可以带来很多利润的时代。过去八年左右的时间里，它并没有为我们带来很多收益，但是在接下来的时间里，你不仅可以把黄金当作保险，更可以去赢利。在未来的日子里，黄金的表现可能比近几年都要好。

为了不断获得收益，除了工作赚钱外，节俭也是另一个重要因素，它不但能帮你渡过难关，更能让你在合适的时候抓住机会。我很早就给我的女儿们买了储蓄罐，我告诉她们，钱是用来储蓄的，将来她们也可以投资，所以用来投资的钱最好别胡乱地花掉。等你的储蓄足够多时，不管是用来投资还是买自己喜爱的东西，都会游刃有余。我知道，现代人更愿意借钱消费，过负债的人生。当然这是每个人的权利，我无意干涉，但因为经济衰退的影响仍然存在，导致未来两三年乃至更长的时间里，我们的日子都不会太好过，所以最好谨慎地对待自己的钱。

> **中国赛道**
> 投资大师罗杰斯谈中国未来趋势 >>

我和你们分享我都做了哪些投资,但我还是要强调,我正在做的事并不意味着你也应该这样做。我也会犯错,并且现在也这样。所以你自己的钱,必须由你自己来把握。如果你不知道要参与投资的内容,你就不应该做出投资的决定。

纵观我的投资生涯,可能我最成功的经验,并因此受益的,便是阅读和旅行,它们让我看到了世界运行的方式。所以我建议大家要尽可能多地阅读,以了解世界上正在发生的事情。世界不会按照别人告诉你的方式运转,你需要了解真正发生了什么,为什么发生。你了解得越多,准备就会越周全,决策风险就越低。我一直读财经方面的新闻报道,直到现在我仍然会每天收集全球的信息,当然不会局限在某几个国家,任何国家的报道我都会阅读,我关注在全世界发生的所有有趣的事。我也希望我的女儿们,脑袋瓜里能持续思考什么才是最真实的,希望她们能够了解世界,能多维度地了解事物,我祝福她们能找到心中所爱。如果她们未来选择离开新加坡,去其他的国家生活,比如中国,我会支持她们。

不仅因为我是她们的父亲,也因为一个充满活力的冉冉上升的国家才可以承载无数年轻人的梦想,像我无数次说的——21世纪是属于中国的。我希望我的女儿们可以实现她们心中的理想,也祝福人们可以在中国这一梦想的国度,找到心中热爱的东西,祝大家好运!

## 译者后记

投资家、冒险家、环球旅行吉尼斯世界纪录保持者，快乐和小蜜蜂的父亲，这是我们通常在介绍罗杰斯时会提到的标签，也是我在见到他之前所做的了解。但在与他真实交流的过程中，我看到的，是一个内心始终充满童趣、对于世界永远保有好奇的"男孩"。

对于没有尝试过的任何事，罗杰斯都有兴趣试试，在我们沟通本书内容的间隙，我们带他去北京古观象台参观。他不像很多游览者那样只是走马观花，而是会仔细地阅读每一件展品的说明，是每一件，我几乎没有见过谁会像他一样，那么渴望了解新事物，那么细心地寻求事物的本源，我想这正是他总能从变化中看到未来趋势的"秘诀"吧。

当他第一次来到中国，从"恐惧"中缓过神来后，便开始把看到的整合进他的大脑：城市的风貌，勤劳的民众，丰富的资源，厚重的历史……这些在他的大脑中组合而得出的结果就是：中国会再次辉煌！这听起来像是一个幸运的人发现了宝藏，但实际上我们都知道这并不容易。我自己也曾去很多地方旅行，但如果你问我那里的人怎么生活，他们怎么教育孩子，城市哪里最危险……我一无所知，所以在和罗杰斯先生讨论本书内容时，我们希望能够尽可能地展现他得出结论的过程。

当我们想了解事物时，通常会希望直接知道答案，如果具体到投资，那我们会很乐于知道作为国际投资家的吉姆·罗杰斯的投资清单，如果是这样，你可能会失望，因为它并没有在本书的内容里出现，甚至罗杰斯先生是拒绝这么做的，对于未来中国趋势的判断，对于未来中国投资领域和赛道的判断，都回归到他对于中国正在蓬勃发展的各个产业的观察，回归到他对于事物变化本身的好奇与探究。

通过和罗杰斯先生的交流，我本人获益良多，也有很多感触。对于个体来说，能够改变人生轨迹的机会不多。20世纪后期，罗杰斯从美国南部的亚拉巴马走到了华尔街，走向了世界，不仅因为他有宝贵的探索精神并努力工作，也得益于美国在世界范围内的崛起，这是不容忽视的塑造罗杰斯等世界知名金融巨头的"大势"。而如今，中国发展速度愈发迅猛，追赶的脚步愈发急促，在这样的大势之下，我们的发现、探寻之心就变得异常重要。

希望本书可以给广大读者开阔思路，发掘你的好奇心和专注力，乘大势、握机遇、赢未来！

孟语彤

2021年3月于北京

# 策划人后记

本书的诞生其实是"无心之举"。

2019年，我携团队陪同罗杰斯先生前往美国耶鲁大学参加校友会。耶鲁大学每五年举办一次校友会，2019年罗杰斯先生刚好毕业55周年。在陪同他参加校友会的间隙，我们拍摄了《罗杰斯和他的朋友》采访纪实。拍摄间隙，在与罗杰斯先生的交谈中，我无意间提起他已经很久没有在中国出版书籍了，上一本应该还是《最富足的投资》，并且那是一本引进书籍，而且他好像还从来没有一本专门分析中国产业的书。"是啊！那我们来写一本吧！"罗杰斯先生说，就这样，这本书"诞生"了。

当然，简单几句话并不能表述本书的创作过程，在两年多的时间里，无论是罗杰斯先生还是我们的团队，都为此付出了巨大的努力。

罗杰斯先生曾多次专程来北京和我们讨论本书内容，

有一次他甚至一夜未睡。他乘坐的航班因为故障原因晚点了6个多小时，本来应该晚上到北京，但他第二天早上7点才到达酒店。我们都担心他太辛苦，想等他睡醒再开会，但他不愿浪费时间，也不愿意我们一直等着，只是稍作休整，9点多就开始了会议。这就是罗杰斯的工作节奏，可想而知，当年在华尔街，罗杰斯该是多么"疯狂"，罗杰斯先生在耶鲁大学的同学就曾经回忆他"永远永远都在工作"。

我很庆幸能够与这样一位充满智慧与能量的前辈成为朋友，也很庆幸能够拥有与他一起工作的经历。

本书成书的时间段，2019年中到2021年初，也是极其特殊的一段时间。美国大选、新冠疫情、美股熔断、中美贸易争端……在我们往常的生活中，从来不曾如此纷扰，这是全球的"危机"时刻，但越是在变换动荡的时期，越是需要清醒的认识和对于未来的清晰把握。

经过两年的打磨，我们最终完成了这本《中国赛道》，希望大家能从书中汲取能量，越来越好！

陈博君

2021年5月于北京

《中国赛道：投资大师罗杰斯谈中国未来趋势》

| 总 策 划 | 虞文军　陈博君 | 执行策划 | 段　勇　孟语彤 |
| --- | --- | --- | --- |
| 翻译整理 | 孟语彤 | | 林恒永　钱舍涵 |
| 责任编辑 | 罗　艺　金荣良 | 封面设计 | 水玉银 |
| 责任校对 | 唐　娇　牟杨茜 | 营销编辑 | 赵颖萱 |